Das Berlin der zwanziger Jahre und zugleich die Wiederentdeckung des »rasenden Reporters« Egon Erwin Kisch, der aus Prag kam, um darüber zu berichten, wie es in der Großstadt aussieht, die erst kurz zuvor »Reichshauptstadt« geworden war und nun, nach einem verlorenen Krieg, das Zentrum einer jungen, unsicheren Republik.

Und wie leben die Leute in dieser Riesenstadt, in die der Fortschritt mit geradezu brutaler Gewalt einbricht? Mit Massenverkehr und Sechstagerennen, Weltverbesserungsideen aus dem Café Größenwahn und in Einsteins Vorlesung, der Polizei und ihrer Beute, mit Glühbirne, Grammophon und gußeisernen Pissoirs. Und der Reporter vergißt auch nicht seine Landsleute im »Böhmischen Dorf« ...

Das alles erfahren wir in glänzenden und genauen Miniaturen, die uns auch das Ende der Weimarer Republik verstehen lassen.

»Spannend, amüsant, aber mit Hintergrund, voll ausgefallener Kenntnisse und Einfälle, klug, witzig. Kisch wäre Reporter auch vor Erschaffung der Welt gewesen, als alles noch wüst und leer war.« Der Spiegel

Egon Erwin Kisch
Aus dem Café Größenwahn

Berliner Reportagen

Verlag Klaus Wagenbach Berlin

Inhalt

Wie ich eine Frau suchte *7*
Elf Totenköpfe auf dem Katheder *12*
Echtestes Berlin W *19*
Die Gerächte Bohème *23*
Sittenlosigkeit in der Weste *27*
Bacchanale gefällig? *31*
Das Haus zu den veränderten Nasen *35*
Professor Einstein stellt die Vorlesung ein *39*
Die Untergrundbahn *43*
Berlin vor ... *47*
Die Verarmung und Bereicherung
der Berliner Straßen *51*
Die Siegesallee *55*
Garantiert echte Seekrankheit *61*
Rettungsgürtel an einer kleinen Brücke *67*
Experiment mit einem hohen Trinkgeld *73*
Geheimkabinett des Anatomischen Museums *79*
Elliptische Tretmühle *84*
Dies ist das Haus der Opfer *91*
Böhmisches Dorf in Berlin *96*
Die Polizei und ihre Beute *101*
Berlin bei der Arbeit *113*
Berliner Schlächterläden *118*
Razzia auf der Spree *123*
In den Kasematten von Spandau *128*

Anmerkungen *138*
Editorische Notiz *140*

Rendezvous im Romanischen Café (um 1924)

Wie ich eine Frau suchte

Verhöhnet mich nicht, wenn ich euch sage, daß ich vom ersten Tage meines Berliner Aufenthaltes eine Frau suchte. Solange ich möbliert wohnte, kränkte es mich, wenn ich jeden geheizten Ofen, der mich während des Monats kalt gelassen hatte, am Ersten auf der Rechnung fand, wenn mir jede Streichhölzchenschachtel, jedes Bad und jede Büchse mit Schuhcreme böse angerechnet wurde. Als ich in die Pension zog, ärgerte es mich, daß immer die einzigen Speisen aufgetischt wurden, die ich nicht esse, daß das Beste schon von anderen verspeist war, wenn ich einmal zu spät zu Tische kam, und daß Gespräche geführt wurden, denen meine bescheidene Bildung keineswegs gewachsen war. Zu diesen Miseren rein wirtschaftlicher Natur kam noch, daß ich's nur gestehe, die Sehnsucht nach der Liebe, von der ich schon allerhand Lobendes in Romanen und Zeitungsnachrichten gelesen hatte. So reifte in mir der Entschluß, mir mein eigenes Heim zu gründen, mich – oh, verhöhnet mich nicht! – zu verehelichen.

Der Entschluß, mir eine Frau zu suchen, war mir wahrlich nicht leichtgefallen. Unvergleichlich schwerer wurde mir aber die Ausführung.

Nach manchen üblen Erfahrungen mußte ich wie Kolumbus beim Anblick des Landes empfinden, als ich in der Zeitung von der Errichtung des Heiratsautomaten las. Schöne Damen, von der gleichen Sehnsucht bewegt wie ich, blickten aus dem Schaufenster, Liebe heischend und Liebe verheißend, auf den Bewerber. Natürlich nicht in natura, aber in getreuen Photographien. Und jedes Konterfei wurde dadurch zum *portrait parlé*, daß darunter die Höhe der Mitgift und die übrigen Gemütseigenschaften der feilgebotenen Schaufensterdame verkündet wurden. So stand es schwarz auf weiß in der Zeitung. Man brauche nur zu wählen und dem Automatenbesitzer die Nummer der Dame zu nennen, und er führe sie dann bis hart an den Traualtar. Ich zog meinen allerelegantesten Anzug an, suchte von meinen Krawatten die schönste aus, ich träumte von einer Liebe auf den ersten Blick ins Schaufenster, und mein Herz klopfte eine Furlana, als ich aus der Leipziger Straße in die Gefilde der Seligen einzog. Aber wehe, wehe! Der Laden stand leer, und aus dem Schaufenster, aus dem noch vor kurzem manch ermunternd photographierter Frauenmund dem Beschauer ein »Bediene dich selbst« zuzurufen schien, gähnte der Rachen einer öden Leere. Ich hoffte zwar noch, daß Frau Hymen mit ihrer Verkaufsstelle bloß übersiedelt sei, aber ich mußte erfahren, daß die Polizei den Heiratsladen geschlossen habe. Ob sie die Vermittlung von Ehefrauen als unsittlich empfunden oder ob vielleicht eine der heiratslustigen Damen gegen die Schaustellung ihres Konterfeis Verwahrung eingelegt hat – ich vermochte es nicht zu erfahren. Gebrochen eilte ich von dannen …

Als ich aber in die Friedrichstraße kam, erwachte ich zu neuem Leben. Einer von jenen Berliner Camelots[1], die auf der Antarktis des Rückens eine Tafel mit der Aufschrift »Hier ist die … Zeitung erhältlich« tragen, schrie mir eine andere Anpreisung ins Ohr: »Das Blatt der Heiratslustigen«. Wie Harfentöne der Erfüllung erklangen mir diese Worte. Zitternd opferte ich zwanzig Pfennig für »Das Blatt der Heiratslustigen«, zitternd eilte ich mit der Zeitung nach Hause, die ja ein Inserat meiner Zukünftigen barg, und zitternd entfaltete ich sie (natürlich die Zeitung).

An der Spitze des Blattes fand ich eine fettgedruckte Bemerkung: »Da durch die Auswechslung der Chiffrebriefe in den Großstädten viel Ulk und Schwindel getrieben wird, öffne ich sämtliche Chiffrebriefe.« Nachdem ich mich gleichermaßen über die Roheit der Großstädte und die Vorsicht des Herausgebers gefreut hatte, begann ich, den Leitartikel zu lesen, der »Arturs Bekehrung« hieß. Was mir besonders darin auffiel, war die stilistische Meisterschaft, mit der der Autor (ein Dr. H.) alles Schleppende vermieden hat. Er wendet immer die direkte Rede an, und die handelnden Personen sprechen die knappen Sätze des gewöhnlichen Lebens so, wie ihnen der Schnabel gewachsen ist. Zum Beispiel sagt Artur vor seiner Bekehrung unter anderem in einem reinen, einfachen Satz: »... weil ich von der Ehe eine so hohe, edle Vorstellung habe, daß ich sie kaum irgendwie mit einem Geschäft in Verbindung zu bringen vermag und wenn es das solideste ist, obwohl ich auf Grund meiner ärztlichen Tätigkeit, die mich mit so vielem Niedrigen, Schmutzigen in Berührung bringt, deinen Ausführungen sympathisch gegenüberstehen muß, die schließlich danach angetan sind, mir meine Ideale zu erhalten.«

Nach dem Leitartikel kamen gleich die Inserate der heiratslustigen Damen und hernach die mich nicht mehr interessierenden Annoncen der Herren, meiner Leidensgenossen. Das erste Dameninserat, das mir gefiel, trug die Nummer 15704. Sehr gerne hätte ich mich um jenes »Fräulein: 23 J.; 1,60 m groß; Vater Beamter, eig. Verm., Eltern auch wohlh.« beworben, wenn sich das Fräulein nicht seltsamerweise auf eine *passende Lebensgefährtin* kaprizieren würde. Vielleicht ist dies bloß ein Druckfehler – aber die Auswahl anderer Damen in meinem Blatte ist ja groß genug.

»Haushälterin, 1,75 Meter groß, 42 Jahre alt, 3.000 Mark bar und Aussteuer.« Herrgott, das wäre etwas für mich! Wie trefflich würden wir uns ergänzen! Ich bin weder Haushälter, kaum 1,50 groß, noch lange nicht 42 Jahre, und weder von 3.000 Mark noch von Aussteuer ist bei mir etwas zu finden. Aber die große Haushälterin mag mich nicht. Sie versteift sich auf einen Unterbeamten von der Post oder von der Bahn.

Eine andere Inserentin, Hausdame bei einem Major, verschweigt ihr Alter und ihre Größe und betont dafür, daß sie aus guter Familie sei. Aber sie legt Wert darauf, daß ihr künftiger Ehegemahl ein gebildeter Mensch sei. Da bin ich noch eher ein Haushälter.

An dem dreißig Jahre alten Fräulein, 1,55 groß, 30.000 Mark bar und Ausstattung, später mehr, störte mich bloß die Angabe, daß sie eine ausgezeichnete Klavierspielerin sei.

Zu der »schuldlos geschiedenen Frau, 38 J. a.«, lockte mich besonders die Angabe hin, daß sie eine Wohnungseinrichtung mit Renaissancemöbeln besitze. Aber sie will mich gewiß nicht, denn sie reflektiert auf ein sympathisches Äußeres, und ich weiß weder, ob mein Äußeres sympathisch ist, noch, ob es zu Renaissancemöbeln paßt.

Auch die »junge häusl. Dame, 22 Jahre alt«, würde ich auf der Stelle heiraten, wenn ich wüßte, wie ich die Abkürzung verstehen soll: »½ Mill. Mitgift; 1 Mll. später«. Ein halbes Mille wäre etwas zu wenig, eine halbe Million und noch eine Million etwas zuviel für mich bezahlt.

So sollte sich meiner Wahl immer ein Hindernis entgegensetzen. Die eine will partout einen Kellner, die jung geschiedene Frau in seltsamer Logik »einen älteren Herrn, der viel gelitten«, eine dritte gefällt mir nicht, weil sie sich als außerordentlich sportliebend preist, bei einer vierten deckt sich ihr Beruf – sie ist Fleischbeschauerin – nicht mit meiner idealen Veranlagung, und bei einer fünften scheint es mir auffallend, daß sie trotz Jugend, hübscher Erscheinung, großer Mitgift und schöner Aussteuer von ihrem Zukünftigen nichts weiter verlangt, als daß er *sehr* vorurteilsfrei sei. So fand ich unter den vielen Annoncen nicht eine einzige, die mir gepaßt hätte. Das Blatt entsank meiner Hand, Glaube, Liebe und Hoffnung meinem Herzen.

Die letzte Möglichkeit, die ich ergriff, war ein Besuch bei einer Heiratsvermittlerin in der Gipsstraße.

Die alte Dame gefiel mir zwar anfangs gar nicht, aber später leistete ich ihr Abbitte: Trotzdem sie schon unzählige Partien in Millionärs- und Aristokratenkreisen zusammengebracht hat (was sie mir selbst anvertraut hat), ist sie doch nicht hochmütig geworden und hat weiter im dritten Stockwerk eines Hauses in der Gipsstraße eine einfache Wohnung inne, die bloß aus einer Küche und einem Zimmer besteht und in der weder auf Luxus noch auf Reinlichkeit übertriebener Wert gelegt wird. Die gütige Frau notierte meine Personalien und versprach felsenfest, mir eine junge, schöne, reiche und nette Gattin zu finden. Freudig und dankerfüllt gab ich ihr die zehn Mark, die sie für Überprüfung meiner Angaben und Vorspesen verlangte, aber mir nach Erhalt der Mitgiftprovision wieder zurückstellen wird. Die brave Frau gibt sich gewiß mit der Auswahl meiner Zukünftigen die denkbar größte Mühe, denn trotzdem seit jenem Besuche schon ein Monat verstrichen ist, habe ich noch nichts von ihr gehört. Gut Ding will Weile haben!

(1914)

Elf Totenköpfe auf dem Katheder

Spiritismus, Astrologie, Graphopsychik, Telepathie und Physiognomik blühen im Westen Berlins in hundert Zirkeln von gesellschaftlichem oder geistigem Geltungsbedürfnis, in den Proletariergegenden hingegen hat sich eine Pseudowissenschaft etabliert, die den nach Wissen und Wundern hungrigen Menschen das Geld aus der Tasche zieht. Die Unternehmer dieser Geschäfte pflegen sich selten selbst als die Veranstalter zu bezeichnen: Die Affichen sind mit hochtrabenden Namen unterfertigt, »Hochschule für geheime Wissenschaften«, »Gelehrte Gesellschaft für okkultes Wissen« und so weiter.

Ein Plakat, das von einer »Gesellschaft zur Erforschung angeborener Talente auf phrenologischer Grundlage in Deutschland« und gleichzeitig von der »Internationalen Akademie für Menschenkenntnis« signiert ist, gibt davon Kunde, daß es bald keine Heuchelei, kein Leugnen, keine Verstellung, keinen Betrug und keine Untreue mehr geben werde. Wann? Bis aus dieser neugegründeten internationalen Akademie die ersten Doktoren ins Leben hinaustreten werden und in ihrer Ordinationsstunde uns und unseren künftigen Gattinnen, unseren künftigen Geschäftsfreunden und unseren Kindern auf den Kopf – im buchstäblichsten Sinne des Wortes: auf den Kopf – zusagen werden, wer, wie und was wir sind, wozu wir taugen und welche Eigenschaften, Hintergedanken und Gelüste im Innersten verborgen sind. »Des Menschen Schädel ist es, der den Menschen verrät.« Und wenn wir erst aus der Schädelbildung die Bildung im Schädel und die Bildung des Herzens zu beurteilen gelernt haben, dann werden wir den Hamlet verachten, der den toten Freund seiner Kinderzeit nicht erkennt und allerhand fünffüßige Betrachtungen darüber anstellt, daß das Gebein nichts über den zugehörigen Menschen verrate. Um wieviel mehr werden wir aus Yoricks Schädel weiszusagen wissen! Nicht bloß am Totenkopf, nein auch am lebenden werden wir die Menschen entlarven, nicht die Nervenstränge, nicht der dickste Skalp und nicht die höchste Damenfrisur werden uns zu täuschen vermögen!

Fünf Mark Eintrittspreis. Sechzig Menschen sind im Hörsaal versammelt. Frauen aus dem Volke, die möglicherweise im Interesse ihres schulpflichtig gewordenen Sprößlings die erwähnte Gesellschaft zur Entdeckung von Talenten konsultiert haben und nun die wissenschaftliche Begründung für den erhaltenen Ratschlag erfahren möchten, eine biedere Alte, die vielleicht die Hauswirtin des Dozenten ist und ihn bewundert, ein junger Mann mit langem Haar, anscheinend der erste Dichter der neuen Lehre; von den vielen ganz jungen Leuten sieht jeder aus, als ob er am liebsten das Kollegiengeld in Zehnpfennigbriefmarken entrichtet hätte, so wie sie in der Portokasse lagen – doch hüten wir uns, unsere Kommilitonen zu beurteilen, bevor wir nicht die Segnungen der wissenschaftlichen Menschenkenntnis in uns aufgenommen haben. Begnügen wir uns zunächst mit der Betrachtung der elf Schädel, die auf dem Vortragspult in zwei Reihen ausgerichtet liegen. An den Wänden hängen die Totenmasken Nietzsches, Beethovens und Wagners.

Der Vortragende erscheint und beginnt mit Lombroso und der Lehre vom geborenen Verbrecher; diese Theorie sei verlacht worden, heute aber, heute bekenne er – der Vortragende – sich zu ihr, womit sie wissenschaftlich anerkannt sei. Er erwähnt nun Albertus Magnus, Lodovico Dolci und Galenus und kommt dann auf Franz Joseph Gall, den er den Altmeister der Phrenologie nennt und sogar über sich selbst stellt. Auch Gall habe man verhöhnt, hauptsächlich um zweier vermeintlicher Irrtümer willen: Einmal habe Gall, am Wiener Hofe um die Beurteilung eines Herrn befragt, offen erklärt, dieser Mann sei ein Mörder. Darob großes Entsetzen, denn der also Charakterisierte war ein ungarischer Magnat und mit einer österreichischen Erzherzogin verlobt. Gall fiel in Ungnade. Später jedoch, später erwies sich der magyarische Aristokrat wirklich als Mörder... Die zweite scheinbare Blamage erlitt Gall bei einem Besuche in einem Gefängnis, wo er in der Kanzlei einen Sträfling nach seiner Schädelform als technisches Genie diagnostiziert hatte. Darüber lächelte man, denn der Sträfling war ein simpler Flickschuster. Daß in seiner Zelle eine Uhr hänge, die der Schuster mit seiner Ahle kunstvoll verfertigt hatte, wußte man nicht. – Der wissenschaftliche Wert der Phrenologie werde heute nicht mehr bestritten, nur behaupte man, sie erst am Totenschädel anwenden zu können. Das sei aber nicht richtig. Der Redner nimmt einen der Köpfe vom Tisch und beweist es. Obwohl diese Schädeldecke anormal stark sei, könne man die Abdrücke der Gehirnpartien deutlich erkennen. Also sei der Schädel durch die mehr oder minder kräftige Form der Gehirnprovinzen beeinflußt und demnach auch seine Beurteilung am lebenden Menschen möglich. Wenn noch vereinzelte Angriffe gegen Gall und seine Lehre erhoben werden, so richten sie sich gegen Behauptungen, die Gall gar nicht getan hat, und der Vortragende habe einen solchen unwissenschaftlichen Wissenschaftler erst vor kurzem tüchtig niedergebügelt.

Über die Anwendung der Phrenologie werden uns Hörern wichtige Verhaltungsmaßregeln gegeben. Vor allem mögen wir unsere Kunst niemals am Biertische ausüben, denn dort seien die Gedanken getrübt, und man gebe nur Anlaß zu Spott und Witzen. Frauen beurteile man nur dann, wenn ihr Haar aufgelöst und von allen fremden Einlagen (Heiterkeit) befreit sei. Am besten läßt sich der Charakter bei Herren mit Glatze konstatieren. (Neuerliche

SACH-BÜCHER

bei Wagenbach

Zeitenwenden

Lothar Müller

Die Feuerschrift

Giacomo Casanova und das Ende des alten Europa

Gebunden mit Schutzumschlag
272 Seiten mit zwei Karten, vielen Abbildungen und einem von Martina Kempter erstmals übersetzten Originaltext
€ 28.– / € 28.80 [A]

ISBN 978 3 8031 3751 7

Casanova ist eine schillernde Figur, die immer neue Überraschungen bereithält. Seine letzte Lebensphase, so will es das Klischee, verbrachte er vereinsamt und isoliert als Bibliothekar, weitab vom Geschehen im böhmischen Schloss Dux. Lothar Müller zeichnet in seinem brillanten Buch ein völlig anderes Bild: Casanova als aufmerksamer Beobachter der neuen machtpolitischen Konstellationen im Europa des 18. Jahrhunderts und zugleich scharfsinniger Verfasser zahlreicher Schriften über Polen, Katharina II. und Russland.

»Man kann ein Buch über Casanova schreiben, das gänzlich von seinen Affären absieht und trotzdem eine faszinierende Gestalt sichtbar werden lässt: Müller macht Casanova als Intellektuellen sichtbar.«

Jens Jessen, DIE ZEIT

Heiterkeit.) Klar liege die praktische Wichtigkeit der Phrenologie zutage:

Erstens bei der *Berufswahl.* Wir werden jeden warnen können, der sich dem technischen Studium zuwenden will, dessen Schädel aber alles eher als die Entwicklung eines technischen Sinnes zeigt, und wir werden andererseits unser Kind auf Grund der wissenschaftlichen Erkenntnis dem Musikstudium widmen, auch wenn noch keine Spur von musikalischem Empfinden bemerkt wurde.

Zweitens bei der *Gattenwahl*: Keine Frau wird geheiratet, wenn ihr Schädel an den Partien, die der Sitz von Treue, Sparsamkeit und Verträglichkeit sind, nicht nur keine Erhabenheiten, sondern geradezu Vertiefungen aufweist!

Drittens im *Geschäftsleben*: Wir kraniologisch geschulten Menschen werden jedem, der für uns als Sozius in Betracht kommt, vorher den Schädel abtasten – »Sie gestatten doch?« – und erst recht einem Kunden mit Kreditforderung. Wenn wir einen Angestellten suchen – werden wir den Mann wählen, bei dem die Gehirnpartie des Erwerbssinnes mit jener des Eigennutzes zusammenfällt? Bei solch äußerlicher Untersuchung sind Irrtümer selbstverständlich nicht ausgeschlossen, doch müssen wir uns damit begnügen, da im allgemeinen weder ein Geschäftsfreund noch ein Stellungsuchender bereit sein werden, sich trepanieren[2] zu lassen.

Viertens im *Justizwesen*: Ein Mensch, dessen rechte Hinterohrwölbung Rechtlichkeitsgefühl und Aufrichtigkeit beweist, ist unschuldig an der Tat, deren man ihn verdächtigt. Er hat sie nicht begangen, und hat er sie doch begangen, so ist er dennoch freizusprechen, denn er kann nichts dafür, er verübte sie bloß durch äußeren Zwang.

Einstweilen aber ist es dem Lehrer nur darum zu tun, uns in die Grundzüge der Phrenologie einzuweihen. Zu diesem Behufe nimmt er die Schädel zur Hand. Zuerst den kleinen einer Katze, an dem er zeigt, wie bei diesem Tier die Mutterliebe und die Putzsucht ausgebildet sind, während am nächsten Schädelchen – dem eines Katers – an der gleichen Stelle keinerlei Ausbuchtung zu finden ist. An einem Affenschädel wird uns der Sitz des Nachahmungstriebes vorgeführt, bei welcher Gelegenheit der Dozent erwähnt, daß die technische Begabung des Bibers an der Kopfform eklatant sichtbar wird.

Die übrigen Schädel rühren bloß von Menschen her. Der kleinste von ihnen und ein etwas größerer erweisen uns (obwohl es nicht etwa die Schädel desselben Kindes in verschiedenen Lebensaltern sind), wie sich in der zartesten Jugend verschiedene Triebe erst entwickeln. Dann demonstriert der Meister die Gehirnschale eines Selbstmörders. Ach, wir würden ihn, auch wenn er nicht die kleine Schußwunde im Schläfenknochen hätte, sofort als Selbstmörder erkennen, denn die Zentren der Lebensenergie und der Zuversicht sind gar nicht ausgebildet. Wir belächeln die Dummheit der Menschen, die bei einem Selbstmord aktuelle Motive vermuten, unglückliche Liebe, finanzielle Verluste, schwere Krankheit. Als ob der Mann sich nicht auch hätte das Leben nehmen müssen, wenn er das denkbar größte Glück in der Liebe, den prächtigsten Erfolg bei seinen Geschäften gehabt hätte und wenn er selbst kerngesund gewesen wäre! Nur des Menschen Schädel ist sein Himmelreich!

Das nächste Gehirndach: das eines Luetikers[3]. Narren, die ihr angesichts dieses zerfressenen Kopfskeletts glauben könntet, die Heuchelei der Gesellschaft, die Niedertracht einer verderbten Geliebten, ein unglückseliger Zufall oder eine jugendliche Unerfahrenheit seien an dem Schicksal des Toten schuld gewesen! Seht ihr denn nicht, daß bei diesem Manne die Gehirnpartien des Geschlechtstriebes allzu stark ausgebildet waren, seht ihr denn nicht, daß an der Stelle, wo sonst die Hoffnung wohnt, eine Abplattung zu finden ist, seht ihr denn nicht, daß jenem die Kinderliebe und die Geselligkeit fehlten? Wendet euch nicht mit Ekel von dem Schädel dieses Kranken ab – er ist sorgsam präpariert, und »mehr als einmal wurde aus dieser Schädeldecke Bier getrunken«. Das ist wörtlich der Satz, mit dem der Vortragende lächelnd allfälliges Grausen seiner Hörerschaft beseitigt. Der nächste Gehirndeckel gehörte einst einem Verbrecher, der fünfzehn Jahre im Zuchthaus saß, jetzt gehört er dem Vortragenden, der uns an einer dicken Beule die Heimstätten des Erwerbssinnes und des Eigensinns und das Fehlen moralischer Zentren demonstriert. Aus der Feststellbarkeit von Feigheit schließt der Dozent für Menschenkenntnis, daß es wohl nicht unser Toter war, der bei dem Einbruch den Schutzmann erschoß, sondern sein Komplize. »Es sei denn, daß er sich nicht anders zu helfen gewußt hätte«, fügt der Lehrer einschränkend hinzu, »zu einem Angriff war der Mann jedenfalls zu furchtsam.«

In welchem Warenhaus die Totenköpfe von Verbrechern, Kranken und Selbstmördern samt zugehöriger Lebensbeschreibung zu kaufen sind, erfahren wir nicht, wogegen wir *ex cathedra* erfahren, daß der Professor bereit ist, uns Schädelmodelle aus Steingut zu verkaufen, auf denen die Gebiete der menschlichen Eigenschaften eingezeichnet sind wie Staaten auf einer Landkarte. Jedes der Länder ist mit einer Nummer bezeichnet, und ein beigelegtes Büchlein gibt an, welche Tugend oder Untugend in diesem Staat residiert. Nur hundert Mark kostet solch ein Globus.

(1914)

Mit frisch geputzten Schuhen spaziert es sich leichter (1924)

Echtestes Berlin W

Weihnachtsfreude

Die Hausfrau schickt das Dienstmädchen einholen: »Kaufen Sie einen Weihnachtsbaum um fünfundsiebzig Mark und besorgen Sie den Christbaumschmuck im Kaufhaus.« Jawollja. Das Mädchen kauft den Weihnachtsbaum; ein Zettel hängt daran: 1,45 hoch, 23 Zweige; Preis 75 Mark. Der Straßenhändler auf dem Kurfürstendamm bekommt das Geld und händigt das Bäumchen einem seiner Botenjungen aus. »Einsfünfundvierzig ist er hoch, dreiundzwanzig Zweige«, wiederholt das Mädchen zum Verkäufer in der Christbaumschmuck-Abteilung des Warenhauses. »Einsfünfundvierzig und dreiundzwanzig? Da brauchense vierzehn Glühlämpchen. Wo wohnen Sie? Charlottenburg? Also Dreier-Steckkontakt... Wird morjen früh anmontiert. Und drei Dutzend Goldnüsse, dreiundzwanzig Äpfel, sieben Glaskugeln, eine Schachtel Schneeflocken und zwanzig Meter Lametta. Als Gipfelschmuck kommt ein Goldstern Nr. 3, fünfzehn Zentimeter, oder wenn Sie einen Weihnachtsengel Nr. 3 verlangen, können Sie auch haben.« Dann sucht der Verkäufer ein Weihnachtsbaum-Postament (DRP 722411) heraus, in das das Tannenbäumchen eingeschraubt und dann auf dem Tisch befestigt wird. »Auch Grammophonplatten gefällig?« – »Stille Nacht, heilige Nacht« und »Christ ist erstanden.« Jawollja. »Kostet – mit Fertigstellung im Hause – zweihundertfünfzig Mark.«

Das alles wird früh ins Haus gebracht, wo schon der Bote des Straßenhändlers das Christbäumchen abgeliefert hat, und der Monteur des Warenhauses befestigt das Postament, montiert die vierzehn kleinen Glühbirnen ein, schlingt die zwanzig Meter Silberlametta um die Zweige, steckt den Weihnachtsengel. Nr. 3 auf die Spitze, hängt die drei Dutzend goldbemalten Nüsse auf und die dreiundzwanzig

Äpfel und die sieben Glaskugeln, streut die Schachtel »Schneeflocken« aus Watte über das Bäumchen und geht von dannen. Der Familie bleibt nichts weiter zu tun übrig, als am Heiligen Abend das elektrische Licht aufzudrehen, das Grammophon loszulassen und sich um 325 Mark zu freuen.

Eine Überraschung ist höchstens der Bläserchor eines frommen Vereins. Der zieht am Weihnachtsabend durch die Straßen mit Jagdhörnern und Posaunen und zwei Pauken, zehn Mann stark, faßt auf den großen Plätzen Posto und spielt »Stille Nacht, heilige Nacht«. Jawollja. Mit Pauken und Trompeten. Es ist schon spät, und erschreckt fährt man aus dem Schlaf empor. Was ist geschehen? Ach, richtig! »Stille Nacht, heilige Nacht.«

Berliner Heimatkunst

Soviel Unglück der Krieg auch gebracht hat, er hat doch wenigstens *ein* Gutes gehabt: Berlin hat sich auf sich selbst besonnen. Man kann doch nicht mehr gut das Programm der Kabaretts und der Modetheater mit den Geistesprodukten der Franzosen bestreiten, die den Frieden von Versailles diktiert haben, und man kann doch nicht in den Varietés die strampelnden nackten Waden englischer Chorusgirls beifällig beklatschen, nachdem England die deutschen Kolonien eingesteckt hat. Man kann aber auch nicht wohl – wenn man gegen die Härte der Friedensbedingungen protestiert und sich für zahlungsunfähig erklärt –, da kann man doch nicht wohl Szenen und Lieder aufs Podium bringen, welche Champagner-Séparées oder die Boudoirs millionärischer Damen zum Schauplatz haben. Was bleibt also übrig? Übrig bleibt das Elend. Und so schauen sich jetzt allabendlich die Lebedamen und deren Beisitzer das Elend an, welches – wie kabarettbekannt ist – den Vorteil hat, Schweinereien unverblümt und Brutalität ordi-

När und Verderbtheiten offenkundig auszusprechen, also höchst wirkungsvoll zu sein. Bei besonders starken Stellen schaut die Dame, die ihren erwärmenden Blaufuchs sorgfältig unter das verkühlende Dekolleté gelegt hat, und der man nicht mehr ansehen darf, daß sie selbst aus den Armenvierteln Berlins stammt, erstaunt ihren Begleiter an: »Gibt's das wirklich in Berlin?« Und dieweil sie einen Schluck Champagner nimmt, um ihr »Entsetzen« hinunterzuspülen, nickt ihr jüngst aus Kattowitz eingewanderter Kettenhändler, befriedigt über seine Sachkenntnis am Cherry-Cocktail saugend, Bejahung zu: »Ja, ja, das gibt's in Berlin, das ist sehr echt.«

Um aber selbige Echtheit zu erzielen, hat man Berliner Fachleute und Künstler herangezogen, die in dem Milieu von Wedding und Scheunenviertel aufgewachsen sind und daher die dortigen Sitten und Gebräuche, die Eigentümlichkeiten der Lokalität und des Dialekts von klein auf beherrschen. So sind denn alle Texte dieser Pennen- und Kaschemmenlieder von Leo Heller (aus Teplitz) verfaßt, während für die ortsechte Vortragsweise und Inszenierung Herr Hans Janowitz (aus Podiebrad) haftet und die Darstellerin der Berliner Dirnen, Fräulein Olga Wojan (aus Prag), in Ton und Gehaben die wünschenswerte unerlernbare Berlinität hat. Auch die Maler der Kulissen und Kostüme, die Komponisten der autochthonen Lieder, die Verfasser der Berliner Lokalfilme sind nunmehr durchwegs Berliner, die erst vor kurzem aus der Tschechoslowakei eingewandert sind.

Nun ja, aber es ist wahr, daß das alles nur Modekunst, nur Publikumsbefriedigung ist. Man glaube nicht etwa, daß solche von Fremden besorgte Heimatkunst an den vielen großen Berliner Theatern möglich wäre, die sich jetzt fast ausnahmslos im Besitze dreier Theaterdirektoren befinden, der Herren Max Reinhardt (aus Preßburg), Karl Meinhard (aus Prag) und Eugen Robert (aus Komorn). Die würden sich schon aus Berliner Lokalpatriotismus gegen einen solchen Kunstimport aus der Tschechoslowakei wehren und täten sie es nicht, so bekämen sie die Berliner Theaterkritik zu spüren, insbesondere würden sich die strengen Hüter der Berliner Bühnentradition dagegen verwahren, in der *Nationalzeitung* Dr. Josef Adolf Bondy (aus Prag), in der *Vossischen Zeitung* Professor Alfred Klar (aus Prag) und im *Börsen-Courier* Dr. Emil Faktor (aus Prag).

Und bei den seriösen Buchverlegern Deutschlands würden, obwohl viele aus der Tschechoslowakei stammen, solche Sachen niemals erscheinen können. Am allerwenigsten aber beim Nestor des modernen Verlagswesens, beim Verleger Gerhart Hauptmanns und Ibsens und Herausgeber der *Neuen Rundschau*, bei dem allmächtigen S. Fischer (aus Protivanov bei Boskowitz).

(1922)

Die Gerächte Bohème

Vor und während des Krieges pflegte die Bohème im alten *Café des Westens*, Ecke Kurfürstendamm und Joachimsthaler Straße, zu sitzen. Jedermann war dort Stammgast, die esoterische Lasker-Schüler und der Filmdetektiv Stuart Webbs, der Journalist Ulrich Rauscher, der bereits dreieinhalb Jahre als bevollmächtigter Minister lebt, sowie der Dichter Erich Mühsam, der bereits dreieinhalb Jahre im Kerker des reaktionären Bayern zugrunde geht, Hanns Heinz Ewers, der an seinem Satanismus viel Geld verdient, sowie Otfried Krzyzanowski, der für seine Lyrik Hungers starb, der Kitschmaler Matejko, der die Plakatwände Berlins bekleckst, sowie der Maler Bernays, der gefallen ist. Hier pflegten alle zu sitzen, bevor sie bekannt oder der Gestellungskommission vorgeführt wurden, hier pflegte alles zu sitzen, was die »Aufmachung« und den »Betrieb« verabscheute, diese unübersetzbaren Götternamen Berlins; was sich nicht frei fühlte im eleganten Kaffeehaus mit Konzerten; alles, was etwas mit Kunst zu tun hatte oder zumindest dazugehören wollte. In denen, die kurzgeschnittene Haare hatten, Zigarren rauchten und Stehkragen trugen, ließen sich leicht Frauen erkennen, und die, die schmachtende Blicke um sich warfen und lange Haare und Anzüge mit freiem Hals trugen, waren Männer. Außerdem hatte jeder seine persönliche Note, mancher Mann eine Halskette, manche Frau ein Monokel, dieser den Expressionismus, jener den Anarchismus, je nachdem. Alles war sehr originell, und wenn ungünstiges Wetter am Sonntag den Besuch des Zoologischen Gartens nicht erlaubte, so besuchten die Bürger das *Café des Westens* und verspotteten die dortigen Narren.

Es stimmt, große Zechen machten die Künstler dort nicht, bestimmt gaben sie nicht die Hälfte des

Gebäcks an, das sie gegessen hatten, und oft sind sie auch das schuldig geblieben. Aber all das wurde reichlich wettgemacht dadurch, daß das Geld in Strömen floß, sobald es jemandem gelungen war, dem Verleger, dem Kunsthändler oder dem Theaterdirektor Vorschuß abzuluchsen. Auch dadurch, daß das *Café des Westens*, auch *Café Größenwahn* genannt, eine Sehenswürdigkeit für die Ausländer war. Kurz, der Kaffeehausbesitzer wurde zum reichen Manne, und sobald jemand reich geworden ist, will er das auf noble Art unter Beweis stellen. Deshalb entschloß sich Herr Pauly, die Künstler hinauszuschmeißen, die alten bemalten Marmorplatten zu verkaufen, die in allen Ehren verräucherten Wände mit geblümten Tapeten zu beziehen und überhaupt recht fein zu sein mit sehr viel Goldüberzug und Samt und Kitsch und mit einer Musikkapelle im Frack und mit hohen Preisen. Das war gar nicht schön von ihm, denn an der armen Bohème hatte er ja all sein Geld verdient und konnte auch weiterhin viel Geld verdienen. Doch nicht genug damit, daß er sie heimatlos machte, er lachte sie obendrein auf ganz geschmacklose Weise aus. Als er sein neues, geschniegeltes und gebügeltes Lokal eröffnete, ließ er überall ein Doppelplakat anschlagen: Auf der einen Seite war eine Gruppe hagerer langhaariger Künstler karikiert, und darunter stand: »Diese da sind traurig«. Auf der andern Seite waren Lebemänner mit Monokel und Weltdamen mit hohen Absätzen in idealisierter Pose dargestellt, und darunter stand: »Diese frohlocken«.

Die als traurig Abgebildeten waren tatsächlich traurig: Die Bohémiens gehen jetzt ins *Romanische Café*, in dessen kuppelförmiger Halle sie unter Kettenhändlern von der Rennbahn und Börsenspekulanten ein ziemlich geduldetes Dasein fristen. Der Kaffee muß sofort bezahlt werden, und das Gebäck ist genau abgezählt, und traurig denken sie an das schöne alte *Café des Westens* zurück... Aber die

Zeichnung von George Grosz (1925)

jungen Lebemänner und die geschminkten Damen, auf den Plakaten als die lachenden Erben abgebildet, freuten sich, wie es scheint, über die Eröffnung des neuen Kaffeehauses doch nicht so, wie es dem Plakatmaler aufgetragen worden war. Oder aber die Freude war nur von kurzer Dauer, denn jetzt verkehren sie dort nicht mehr. Die Musikkapelle spielt die schönsten Shimmys, die Plüschmöbel glänzen im schönsten Gold und Bordeauxrot, die Kellner tragen blendende Vorhemden, der Vorgarten hat herrliche Strandmöbel, und es fehlt nur noch das eine: die Gäste. Aber eben das scheint den Gastwirt zu ärgern. Er macht eine recht traurige Miene, wenn er am Eingang seines leeren oder halbleeren

Vorgartens steht. Und die Miene wird wütend, wenn er seine ehemaligen Stammgäste vor dem Gitter stehen, ironisch lächeln sieht oder gar den Spruch »Diese da sind traurig« zitieren hört.

Die Wanderungen zum Gitter des ehemaligen *Café des Westens* sind jetzt ein beliebtes Vergnügen, der einzige Lichtblick in diesen unerhört teuren Zeiten.

(1922)

Sittenlosigkeit in der Weste

Vorigen Montag erschienen plötzlich in etwa hundert Berliner Juwelierläden Detektive der Sicherheitspolizei und ließen sich sämtliche Tabakdosen und Zigarettenetuis zeigen. Davon wählten sie 2.700 goldene und silberne aus, stellten vorschriftsgemäße Quittungen aus und zogen mit ihrer Beute ab. Es handelte sich um eine Konfiskation. Auf den beschlagnahmten Dosen waren unzüchtige Abbildungen, Schweinereien von Rubens, Verrocchio, Veronese und Botticelli. Es handelte sich um Darstellungen höchst unanständiger Szenen von Leda mit dem Schwan, von Pan und den Nymphen, von Susanna im Bade und ähnlichen Sachen, die schon längst zur Konfiskation der Bibel, der Mythologie und der gesamten Kunstgeschichte hätten führen müssen, wenn sich alles nach der Berliner Polizei richten würde.

Die Juweliere protestierten gereizt gegen die Beschlagnahme und erklärten, es handele sich um weltbekannte Kunstwerke, die tausendmal anstandslos in Katalogen, auf Ansichtskarten, in Büchern und auf Abbildungen reproduziert worden seien. Aber die Berliner Polizei ist keine Tabakdose, man kann sie nicht zuklappen und in die Tasche stecken. Sie antwortete sofort: Es sei nicht wahr, daß Kunstwerke eingezogen worden seien. Hie und da seien auf den Deckeln zwar Sujets berühmter Gemälde, das stimme, aber die Reproduktionen seien so schlecht, so unkünstlerisch, und die erotischen Details seien so augenfällig herausgearbeitet, daß von einem Kunstwerk überhaupt keine Rede sein könne. Die übrigen Abbildungen aber gingen überhaupt nicht auf berühmte Gemälde zurück, sondern stellten lediglich vollbusige Mädchen dar, Balletteusen mit übereinandergeschlagenen Beinen und noch andere

Sachen, dazu angetan, das Schamgefühl gröblich zu verletzen.

Jetzt wissen wir wirklich nicht, wem wir recht geben sollen. Als wir den Protest der Schmuckhändler lasen, mußten wir uns sagen: Was sollen Kunstwerke, was sollen wirklich schöne Kunstwerke in der Westentasche eines Lebemannes? Hat sich Jupiter in einen Schwan verwandelt, führte Pan die Nymphen in Versuchung, damit irgendein junger Mann von 1922 seine Stimmung heben kann, indem er in die Tasche greift nach den Abbildungen dieser Szenen? Schufen Veronese, Verrocchio und Rubens ihre Werke, damit sie zum Deckmantel von Manoli-Zigaretten würden? Recht so, daß konfisziert wird. Aber jetzt kommt die Polizei mit ihrer Erklärung: Die Abbildungen hätten mit Kunst nichts zu schaffen. Oh, das ist etwas anderes! Nun müssen wir gerecht sein und sagen, daß die Polizei unrecht hat. Verletzen die Zigarettenetuis den guten Geschmack, so passen sie eben genau zu dem, der sie kauft, und kein Polizist hat das Recht, sie dem Käufer aus der Tasche zu ziehen, der sie bezahlt hat, oder sie zu beschlagnahmen, wenn sie noch unbezahlt und ungekauft im Juwelierladen liegen.

Ob so oder so, es ist wirklich sehr komisch, wenn man die Bekämpfung der Berliner Sittenlosigkeit bei intimen Gegenständen beginnt, die in der Tasche getragen werden, während an den Litfaßsäulen, in Zeitungen, in Vergnügungslokalen und auch anderswo im Berliner Leben ganz andere Sachen zu sehen sind. Auf riesigen Plakaten teilt das *Intime Theater* mit, das frivole Lustspiel »Marietta, lauf doch nicht immerzu nackt herum« werde verlängert, die Berliner Nachtblätter (gegen die unser verklungenes *Echo Prahy* geradezu ein Kirchenblatt war, etwa wie *Sv. Vojtěch*) bringen jeden Tag genaue Berichte mit vollem Namen, wer aus der Gesellschaft des Berliner Westens und aus der Operetten- und Filmwelt in der letzten Woche mit wem ein Verhältnis angeknüpft hat, welcher bekannte Herr mit welcher bekannten Dame im Séparée eines Nachtlokals verschwunden ist, in den Kabaretts wird fast nichts anderes gespielt als die Intermezzi aus Schnitzlers »Reigen«, in der Zeitschrift »Die Freundschaft« wird in vierundzwanzig Inseratspalten mitgeteilt, welcher hübsche neunzehnjährige Bursche einen wohlhabenden Freund gleicher Veranlagung sucht, und in welchem Lokal der fesche Rudi seine Verehrer jetzt als Kellner bedient.

Das Liebesleben war wohl in Berlin nie allzu poetisch, doch in den letzten Wochen, da die Teuerung sprunghaft gestiegen ist, zeigt sich in ihm eine derartige Sachlichkeit, eine derartige kaufmännische Gründlichkeit, wie Sie sich das kaum vorstellen können. Gewiß, mit Flirts, Ballgesprächen und Komplimenten kann man weder die Unterwäsche noch die Florstrümpfe bezahlen. »Wo sind so schöne Augen zu kaufen wie die Ihrigen, liebes Fräulein?« wagte ich, schüchtern und altmodisch, eine Verkäuferin in einem Geschäft zu fragen. Sie antwortete weniger schüchtern und etwas weniger altmodisch mit einer Gegenfrage: »In welcher Währung zahlen Sie, mein Herr?«

So machen es die Berliner Mädchen. Es sind keine Nymphen, die sich vom ersten besten Pan in Versuchung führen lassen. Sie nehmen dich, und wärest du die häßlichste Karikatur irgendeines klassischen Gemäldes. Sie prüfen nur deinen Geldgehalt und stecken dich in die Tasche. Als wärest du eine Tabakdose. Und die Berliner Polizei kann nichts dagegen tun.

(1922)

Die »Rechenkünstlerin« Thea Alba im Varieté »Scala« (1930)

Bacchanale gefällig?

Berlin, Dezember 1922

Die polizeiliche Sperrstunde wird in Berlin sehr streng gehandhabt. Punkt ein Uhr werden all die vielen Hunderte von Cafés, Bars, Tanzdielen, Likörstuben, Weinlokalen und Destillationen (so heißt hier der »Ausschank«) unnachsichtlich geschlossen. Im Westen gibt es noch zwei bis drei Klubs, wo zumeist Schauspieler nach ihrem Bühnenabgang einkehren, ein Fläschchen Wein trinken und eine Partie Poker machen; aber sie müssen Mitglieder sein, ihr Mitgliedsbeitrag für den laufenden Monat wird auf ihrer Legitimationskarte quittiert und im Kassabuch des Vereines eingetragen. Im dunklen Osten nehmen zwei bis drei Wirte das Risiko auf sich, für drei Stunden (bis um vier Uhr die Marktcafés öffnen) die Straßenmädchen, deren berufsmäßige Freunde und andere des Nachtschlafs entwöhnte Gesellen hinter geschlossenen Rouleaus und bei gedämpftem Licht illegal zu beherbergen; aber auch diese Wirte lassen sich die »Hockersteuer«, das ist die für Gesellschaften, Vereinsveranstaltungen, Bälle und so weiter vorgeschriebene Steuer auf verspätetes Wachbleiben, bezahlen und quittieren sie ordnungsgemäß mit gedruckten Zetteln, damit sie im Falle des Erwischtwerdens nur wegen Übertretung der Sperrstunde, nicht aber auch wegen Steuerhinterziehung belangt werden können. Manchmal läßt auch ein Wirt eine Champagnergesellschaft im Hinterzimmer seines Weinlokales noch über die Zeit sitzen, aber das alles sind kleine Ausnahmen, und im großen Ganzen muß man sagen, daß das Nachtleben um ein Uhr nachts zu Ende ist. Tausende von Leuten sehen sich um diese Stunde aufs Pflaster gesetzt und müssen nach Hause gehen, obwohl sie dazu gar keine Lust haben.

Hier setzt nun die Tätigkeit der wandernden Nachtlokale und ein neuer geheimer Beruf ein, der in Berlin heute schon weit mehr als tausend Angehörige zählt, der Beruf des Schleppers oder Spanners. Die Unternehmer der wandernden Nachtlokale bilden eine Gruppe, die sogenannte »Partie«, die von Zeit zu Zeit Privatwohnungen mieten, diese mit Sandwiches, Champagner, Kaviar, Wein und Schnäpsen beliefern, eine oder zwei Nackttänzerinnen, die Musikkapelle, aus einem Violinisten bestehend, einen Kellner und vor allem – die Schlepper engagieren. Denn diese Schlepper haben die Hauptarbeit zu verrichten und bekommen auch den Löwenanteil am Ergebnis dieser riesigen Wurzerei. Sie bekommen außer dem Fixum von fünfhundert Mark pro Nacht noch zehn Prozent von der Zeche jedes Gastes, den sie akquiriert haben. Sie können also an einem einzigen Gast mehr verdienen, als die Miete der Wohnung für diese Nacht, das ist mindestens fünfzigtausend Mark, betragen hat. Aber es muß gesagt werden, daß ihr Beruf vor allem drei Eigenschaften erfordert: Ausdauer, Raffinement und Intelligenz. Die Ausdauer erprobt sich daran, wie sie an den Straßenkreuzungen, insbesondere in der Friedrichstraße, Motzstraße und Lutherstraße alle Passanten ansprechen, hunderte in einer Nacht, alle Wagen anhalten oder wenigstens den Insassen zuschreien: »Elegantes Nachtlokal gefällig mit prachtvollen Nackttänzerinnen?« – »Bacchanale gefällig?« Ihr Raffinement hat sich hauptsächlich bei der Führung des Opfers zu bewähren – dieses darf nämlich nicht ahnen, wo es sich befindet, damit es die Polizei nicht nachträglich dorthin hetzen kann. Sie führen es daher auf verschiedenen Umwegen bis zu dem Lokal und lassen, wenn der Transport des Gastes im Autotaxi vollzogen wird, dieses lange vorher mitten auf einer anderen Straße halten. Vor der Polizei haben nämlich Unternehmer, Partie und Schlepper den größten Spundus[4] und haben deshalb ein ganzes Signalsystem ausgebrütet, um das Eindringen der Streifung zu verhindern. Würden zum Beispiel Detektive einen Schlepper erwischen und mit vorgehaltenem Dienstrevolver zwingen, sie zu dem heutigen Tätigkeitsgebiet des wandernden Nachtklubs zu führen, so braucht der geschleppte Schlepper bloß diese Signale zu unterlassen, und die Polizei findet nichts mehr als eine leere Wohnung

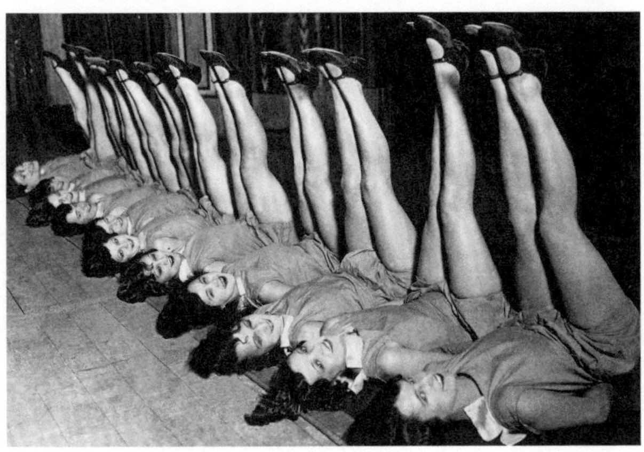

Scala-Girls (1928)

oder eine harmlose Gesellschaft von Freunden des Hausherrn. Das Signal eines vor kurzem ausgehobenen Spielklubs im Westen war zum Beispiel ein grünrotes Batisttaschentuch der Hausfrau, das jeder Schlepper nach dem Klopfen in die Öffnung des Briefkastens zu werfen hatte; wurde geklopft oder gar geläutet, ohne daß das Taschentuch erschien, so wurde nicht bloß geöffnet, sondern es verschwanden auch die Spielkarten und das Roulette.

Die dritte und wichtigste Berufseigenschaft des Schleppers, die Intelligenz, hat sich zu bewähren, um harmlose Fremde oder Sonntagsbummler dazu zu veranlassen, ein paar hunderttausend Mark zu opfern, um sich einmal königlich zu amüsieren, »wie im Harem oder wie im Paradies«. (Als ob jemals im Harem oder im Paradies eine alte Schachtel nackt zu den Klängen einer schlechten Violine herumgehopst, nachher im Bademantel einsammeln gegangen ist und die geschenkten fünfhundert Mark mit der sensationellen Enthüllung als zu gering ablehnt: »Verzeihen Sie, ich bin eine Künstlerin.«) Wie findet nun der intelligente Schlepper seine Gäste? Er muß vor ein Uhr nachts in einem eleganten Lokal sitzen und mit irgendeiner ihm valutastark scheinenden Gesellschaft Anknüpfung finden. Wenn man dann zur Polizeistunde bedauernd auseinandergehen soll, hat er schmunzelnd anzudeuten, er wisse noch ein tadelloses Lokal. Hier greift die Tätigkeit des Schleppers ein bisserl in die des Hochstaplers über, es gibt solche, die Französisch können und sich in den Stammlokalen der französischen Kolonie aufhalten, es gibt Russen, die Russen mitbringen, und es gibt bereits Schlepper aus allen möglichen Nationen und mit allen möglichen Sprachkenntnissen.

Aber der tschechoslowakische Zustrom nach Berlin ist jetzt so groß und die tschechoslowakische Krone so hoch, daß die Zahl der Schlepper bei weitem nicht ausreicht, die Landsleute zu den paradiesischen Genüssen mitbringen oder wenigstens das »Bacchanale gefällig?« in tschechischer Sprache ihnen zuflüstern könnten. Deshalb sind in der letzten Zeit verschiedene Unternehmerpartien der wandernden Nachtlokale mit lockenden Stellungsangeboten an mich herangetreten, denen auch die meisten sachlichen Angaben dieses Artikels zu verdanken sind. Vorläufig habe ich mir noch Bedenkzeit ausgebeten, aber die Zeiten sind lausig, und wundert euch nicht, Freunde aus der Heimat, wenn ich einmal auf dem Nollendorfplatz nächtlings mit den Worten auf euch zutrete: »Je líbo bacchanale?«

(1922)

Das Haus zu den veränderten Nasen

Im Hause Bülowstraße 22 in Berlin wohnen jetzt – da sich die tschechoslowakische Krone hoch über die Mark emporgeschwungen hat – zumeist Prager. Aber das wissen nur die, die dort wohnen, und die werden es nicht verraten. Und sollte jemand zu Besuch kommen, er würde seine Landsleute nicht erkennen: Sie sind entweder vermummt oder haben sich sehr verändert.

Es ist ein ganz neues, sehr großes Haus, versteckt hinter einem vierstöckigen Mietshaus. Unauffällig hängt am Eingang eine kleine Tafel, die ebenso unauffällig besagt: Sanatorium Bülowstraße 22. Es handelt sich um das Palais einer schmerzhaften Eitelkeit, um die Privatklinik von »Nasenjoseph«, von Professor Dr. Jacques Joseph, dem Chirurgen der Nasen-, Ohren- und der übrigen Gesichtsplastik... Leute, die hier im Sprechzimmer sitzen und plaudern, wissen nicht, wie sie aussehen. Wenn sie sich im Warteraum des Professors vor drei Tagen auch noch so forschend gemustert haben, niemand weiß heute, wie der andere aussieht. Sogar von sich selbst weiß das keiner. Denn noch keiner sah seine Nase. Jeder hat ein großes gelbes Kreuz aus Leukoplast im Gesicht von der Stirn bis zur Oberlippe und von der rechten Schläfe bis zur linken, und seine Augen sind verschwunden. Alle sehen sie abscheulich aus, noch abscheulicher als vordem. Aber morgen oder übermorgen werden sie schön sein, so schön wie noch nie. Sie haben die Operation hinter sich.

Vor drei Tagen empfing Herr Professor Joseph in seinem Ordinationszimmer am Kurfürstendamm die an Eitelkeit krankenden Menschen. Jeden fragte er, was er sei, ob er reich sei und aus welchem Valutabezirk er komme, und dann, erst dann fragte er ihn nach seiner Wesensart. Der Herr Professor muß zuerst wissen, wie reich einer ist, danach läßt er sich die Operation bezahlen (eine Fabrikantin aus Prag zahlte gestern 15.000 tschechoslowakische Kronen dafür), und er muß die Wesensart kennen, denn danach stellt er die Nase her. »Wünschen Sie eine kecke Nase oder eine intelligente, eine kokette oder eine energische?« Jeder kann sich bestellen, welche Nase er haben will. Der Herr Professor reicht ihm ein Album mit Hunderten von Photographien ehemaliger Patienten, vor der Operation und danach. Sie blättern im Album und wählen ein Näschen, das Sie haben möchten. »Gut«, sagt der Herr Professor und packt Sie an der Nase. Er verdeckt sie mit der Hand und den Fingern und zeigt Ihnen, wie Sie später aussehen werden. »Kommen Sie morgen früh um zehn Uhr in meine Privatklinik Bülowstraße 22.«

Tags darauf werden Sie im Operationssaal erst einmal gründlich ausgeschneuzt und gewaschen, Sie bekommen eine Lokalbetäubung oder, falls nötig, auch eine Morphiumspritze. Mit Scheren, kleinen Sägen und Feilen dringt der Herr Professor in Ihre Nase ein, schneidet Ihnen den Nasenknochen durch, verleibt der Nase – falls Sie eine zu kleine hatten und eine größere wünschen – ein Plättchen aus Elfenbein ein, pflanzt in solchem Falle oft auch ein Stück Haut von der Schulter ins Gesicht über oder – was häufiger vorkommt – amputiert ein Stückchen Knochen, Fleisch oder Knorpel, modelliert ein wenig, prüft sein Werk auf dunklem Hintergrund und macht Ihnen über alles das Kreuz aus Leukoplast.

Der Patient geht in sein Zimmer, liegt einige Tage im Bett, seine Augen sind geschwollen, er kann sich nicht ausschneuzen, atmet schlecht und zahlt täglich tausend Mark. Aber das ist heute bestimmt nicht viel. Cyrano de Bergerac hätte einfach mit ein paar Francs bezahlt, und nach einer Woche wäre er vom Leukoplast und dem schrecklichen Unflat in der Nase befreit gewesen, Roxana wäre ihm um den Hals gefallen, und er hätte sich so seine ganze

Tragödie ersparen können. Alle Leute, die das Sanatorium in der Bülowstraße füllen, sind so gescheit. Ein Herr aus Südböhmen ist jetzt dort; er hatte eine breite, sattelförmige Nase und sah aus wie ein Dorftölpel. Da er aber jetzt große Güter besitzt, ließ er sich eine herrische Nase modellieren, und niemand wird ihn mehr als einen dummen Bauern ansehen. Mein Mitschüler, hinter dem schon während unserer Schulzeit Kinder auf der Straße herliefen mit dem freundlichen Geschrei »Hakennase, Hakennase«, hofft, daß er durch die Operation zu dem wird, wozu ihn weder die Wandelbarkeit seiner Grundsätze noch die späte Taufe, noch die Namensänderung gemacht hat: zum Advokaten in Eger. Meine Freundin Fanka, genannt »Diabolo« (wissen Sie, die, der es in die Nase regnete), bekommt nun eine französische Nase, die ihr der Herr Export bezahlt und die sie zur internationalen Grande Cocotte im *Eden* in Vršovice machen wird. Der Bankbeamte Polenta, der gerade vor einem Jahr wegen Unterschlagung zu schwerem Kerker verurteilt wurde, verspricht sich von der Operation einen noch größeren Erfolg: Er läßt sich eine große Hakennase machen, wird von nun an Porges heißen und wird so – Gleicher unter Gleichen – irgendwo unter Börsenjobbern auftreten. Bereits morgen wird ihm in der Bülowstraße das Leukoplast abgelöst.

(1922)

Albert Einstein (1925)

Professor Einstein stellt die Vorlesung ein

Berlin, am 18. Juli

Vor dem Hörsaal der theoretischen Physik hängt heute ein Anschlag mit kurzem Inhalt: »Professor Einstein stellt die Vorlesungen ein. Die Kolleggebühr wird den Hörern auf der Quästur zurückerstattet.« Um fünf Uhr nachmittags, als das Kolleg über die Relativitätstheorie eröffnet werden sollte, lasen alle die Absage. Die Neuangekommenen schlugen ihre Mantelkragen wieder hoch und gingen auf die Straße zurück. Es regnete in Strömen, der Asphalt auf der Straße Unter den Linden und das Denkmal Friedrichs II. glänzten kampfeslustig, und die Zeitungsjungen riefen: »Abendausgabe!!! Selbstmord der Rathenau-Mörder!«

Es waren nicht die üblichen Hörer der Berliner Universität, die im Regen gekommen waren, um sich die Vorlesung von Professor Einstein anzuhören, und die nun sahen, daß sie abgesetzt worden war. Es handelte sich lediglich um drei amerikanische Jünglinge, anscheinend Studenten, zwei ebenfalls englisch sprechende Damen, die Lorgnons und Baedeker besaßen, einen Italiener mit grauem Spitzbart, eine ebenfalls graue Dame und einen aufgeregten jungen Mann, der im jüdischen Jargon fragte, warum die Vorlesung abgesagt worden sei. Studenten mit Zereviskappen[5] sah man nicht; die hatten den Hörsaal Nr. 122, der dem Prager Kino Koruna ähnlich sieht, nur einmal bis auf den letzten Platz gefüllt, um gegen die Richtigkeit der Relativitätstheorie durch Ausrufe wie: »Jude, raus!«, »Juden haben an der deutschen Universität nichts zu suchen!« und ähnliche zu protestieren und Professor Einstein zu bedrohen. Sonst waren es fast durchweg Ausländer, die die Universität zwischen dem Besuch des Potsdamer Schlosses und der Vorstellung im Metropol-Theater aufsuchten, um sich den »modernen

Newton« anzusehen. Einstein wußte allerdings, daß sein Hörsaal nicht für wissensdurstige Leute, sondern für Neugierige da ist, und so ließ er sich ein gutes Verfahren einfallen, um sich nicht zwei Stunden lang von Blicken anstieren zu lassen, die nichts kapieren, und um andrerseits wiederum jene nicht aus dem Saal weisen zu müssen, die der Inhalt seiner Vorlesung tatsächlich interessiert. Er eröffnete die Vorlesung, indem er kurz das zusammenfaßte, worüber er letzten Dienstag gesprochen hatte, und sagte: »Ich werde nun über dieses und jenes Gesetz lesen, mache aber vorher eine kleine Pause, damit jeder, den es nicht interessiert, den Saal verlassen kann.« Als er zehn Minuten später über dieses und jenes Gesetz sprach, waren von dreihundert Hörern gewöhnlich kaum fünfzehn übriggeblieben.

In den letzten Tagen jedoch, als es sich deutlich zeigte, daß die Leute zwar Meldungen über die Berliner Börse, niemals aber Mitteilungen der Wetterstation lesen, weshalb ihnen beim Aufbruch in die deutschen Seebäder der Valutasturz weit wichtiger ist als der Rückgang des Barometers, sah es in den Einsteinschen Vorlesungen besonders schlimm aus. Der Hörsaal Nr. 122 war am Dienstag stets proppenvoll; alle sahen sich den berühmten Professor durch das Lorgnon oder das Opernglas an, und die Pause half auch nichts mehr, da die Besucher erst nach ihr gekommen waren, um sich nach wenigen Minuten des Interesses für seine Person offenkundig zu langweilen, entweder zu schlafen oder zu gähnen, wenn sie sich nicht gar entschlossen hatten, den Saal polternd zu verlassen. Und da Albert Einstein zwar die Relativitätstheorie entdeckt hat, nicht aber die Theorie, wie man offenkundiger Unaufmerksamkeit begegnet, so beschloß er, während der Zeit, in der Lustreisen unternommen werden, nicht zu lesen und den Hörern die Kolleggebühr zurückzuerstatten.

So hatten die Leute, die im strömenden Regen zum Institut der theoretischen Physik gekommen waren, von ihrer Reise nichts anderes, als daß sie den Anschlag lesen konnten, und überdies die Kümmernis, die um so größer war, weil sie die Kolleggebühr nicht zurückverlangen konnten.

(1922)

Streikversammlung am Gleisdreieck (1920)

Die Untergrundbahn

Sie ist wohl ein wesentliches Kennzeichen der Großstadt: Oben auf der Straße ist kein Platz mehr für die Menschen. Noch weniger für jagende Wagen, für elektrisch angetriebene Züge. Und so fahren sie unter der Erde durch einen einzigen Tunnel, der die ganze Stadt unterhöhlt, sie fahren (ohne durch im Wege stehende Häuser, in entgegengesetzter Richtung rasende Automobile, den Weg kreuzende Wagen, spielende Kinder, sich liebende Hunde, unvernünftig ausweichende Frauen, die Hände hebende Verkehrspolizisten, durch Fußgänger, Geländer, Omnibusse und Feuerwehrmänner, Verkehrsvorschriften und andere Verkehrshindernisse aufgehalten zu werden), sie fahren, mag geschehen, was da will, immer weiter, geradewegs und im gleichen Abstand. Ihre Parole lautet: Überspringe nicht, übersteige nicht, sondern krieche unten durch!

Die Stadt jagt dir über dem Kopf davon, du siehst nichts von ihrer Hast, kein Schaufenster lockt dich, kein Bekannter ruft dich, nichts hält dich auf. Du liest deine Zeitung, und es ist, als wärest du in München in den Schlafwagen eingestiegen und solltest in Venedig aussteigen … Ich höre Sie sagen: »Na, na, nur nicht übertreiben!« Aber der Kontrast ist fast so, wenn man die Erdoberfläche inmitten der schönen Villen des Schöneberger Stadtparkes verläßt und erst wieder draußen in Rummelsburg um sich blickt, umringt von Proletarierkasernen, verrauchten Fabriken und erschreckend kleinen Kindergestalten. Natürlich mußt du während deiner Fahrt eifrig die Zeitung gelesen haben, sonst hättest du längst den Übergang aus der Friedenswelt des Wohlstands in die Kriegswelt des Jammers bemerkt. Denn nur wenige Leute fahren die ganze Strecke. So absolviert man den Weg vom Reichtum zur Armut und *vice versa* nicht in einem Zuge und kommt vom Berliner Westen nicht unmittelbar in den Berliner Osten. Die meisten fahren durchschnittlich fünf bis sechs Stationen: Von seiner Villa im Westen fährt der Chef ins Geschäft in die City, vom Geschäft in der City fahren die Kontoristinnen, die Verkäufer und Lehrlinge in ihre Wohnungen am Alexanderplatz, und aus den Lagerräumen, Geschäftshäusern, Schlupfwinkeln und Polizeigebäuden am Alexanderplatz fahren die übrigen Leute in die östlichen Vororte.

Viele Jahre gab es nur eine Umsteigestation, und zwar Gleisdreieck. Auch heute noch ist es einer der wichtigsten Begriffe der Berliner Umgangssprache: Wir treffen uns Gleisdreieck, man fährt über Gleisdreieck, man steigt Gleisdreieck um. Aber Gleisdreieck wird nicht ausgestiegen. Denn die Haltestelle schwebt in der Luft. Unten sind keine Menschenhäuser, unten bewegen sich lediglich Maschinen. Unten liegt ein großes Areal von Güterbahnhöfen, ein Meer von Schienen, in der Dämmerung von kleinen Leuchttürmen beleuchtet, durchquert von Tausenden von Schiffen auf Rädern, die durch Bojen, hier Weichen oder Semaphore genannt, geregelt werden – ein Meer von Festland. Der Potsdamer Bahnhof mündet hier und unser Anhalter Bahnhof und der Vorstadtbahnhof, Züge aus Hamburg, Köln, Aachen, Straßburg und Paris, Züge aus Halle, Frankfurt, Basel, Leipzig, Dresden, Prag und Wien fahren hier ein und aus, drehen um und rangieren. Hier unten befindet sich sozusagen der Makrokosmos des Verkehrs, während das Gleisdreieck dem Mikrokosmos der Untergrundbahn vorbehalten ist. Oben ist nur Alltäglichkeit, unten aber ist die Welt. Auch hier gibt es keinen jähen Übergang. Man kann nicht an der U-Bahn-Station Gleisdreieck aussteigen und aufs Dach des vorbeifahrenden Orientexpresses springen, wie es die Kinohelden tun. Entweder – oder. Du mußt dich entscheiden: *urbi aut orbi*.

Nur einmal vollzog sich ein ungeahnter Übergang aus der kleinen Welt des Stadtverkehrs in die große Stadt des Weltverkehrs: am 26. September 1908 um drei Viertel zwei nachmittags. Datum und Stunde sollen exakt sein, weil sie in der Geschichte der U-Bahnen eine lehrreiche Rolle spielen. Bis zu diesem Tage kam dem Gleisdreieck keine besondere Bedeutung zu, weder als Haltestelle noch als Umsteigestation, das Publikum kümmerte sich nicht darum, sondern nur die Ingenieure, die es erbauten, und die Beamten, die den Verkehr regelten. Es war ein sphärisches Dreieck, in dem die aus drei Richtungen kommenden Züge der U-Bahn in verschiedene Richtungen gelenkt wurden. Aber an jenem verhängnisvollen Tage stießen durch das Verschulden eines Führers, die Verspätung eines Zuges und das gleichzeitige rätselhafte Versagen einer Weiche zwei Züge zusammen, und ein Waggon stürzte in die Tiefe, in das Reich des Fernverkehrs, wobei achtzehn Personen ums Leben kamen. Seit diesem verhängnisvollen Zusammenstoß gibt es keinen direkten Verkehr mehr, sondern nur Umsteigen aus verschiedenen Stockwerken und nur Schienen auf verschiedenen Viadukten. Und es gibt auch kein Unglück mehr.

Aber Sie sehen, gleichzeitig mit diesen vorbeugenden Reformen fand auch die Alleinherrschaft der Untergrundbahn ihr Ende. Der Passagier wünscht keine Vorsicht, er wünscht nur Hast. Das Berliner Tempo verträgt keine Rücksichtnahme auf die Möglichkeit eines Unfalls. Man will sich in den Zug setzen, die Zeitung oder die Akten durchstudieren und, ist man damit fertig, an Ort und Stelle sein. Umsteigen – das ist nichts für Berlin. Gerade wurde eine neue Strecke der U-Bahn eröffnet, die vertikal zur alten führt, also von Norden nach Süden. Doch sie ist wenig frequentiert, weil man nahe der Leipziger Straße zwei Minuten durch einen Tunnel laufen muß, bevor man zur Bahn mit der nächsten Verbindung gelangt. Leute, denen es bereits zuviel ist, am Nollendorf- oder Wittenbergplatz beim Umsteigen über Treppen zu gehen, wollen nicht zwei Minuten zu Fuß laufen. Die Untergrundbahn ist ein wesentliches Kennzeichen der Großstadt, aber dieses Kennzeichen ist in Berlin immer weniger kenntlich. Man fährt lieber im Autobus, der zwar sich, aber nicht die Leute aufhält, die in ihm sitzen. Berlin hat keine Zeit: keine Vergangenheit und keine Zukunft. Und hat nur eine Gegenwart, die trübe ist, weil niemand umsteigen will.

(1923)

Berlin vor ...

10. August 1923

Wovor? Vor dem Generalstreik? Vor dem Zusammenbruch? Vor der Revolution? Nicht zu sagen. Vielleicht kommt es zu gar nichts mehr. Der Gelähmte rafft sich auch nicht mehr zum Selbstmord auf. Das Einkommen sank bereits unter das Existenzminimum, die Preise schnellten in zehn Tagen zehn-, zwanzig-, hundertfach in die Höhe – Summen, vor denen einem schwindelt. Ein Viertel Pfund Schinken kostete noch vor einem Vierteljahr 10 Mark, heute kostet es 180.000 Mark, ein Pfund Kalbfleisch 600.000 Mark, ein Liter Milch 22.000, ein Pfund Kartoffeln 23.000, ein Ei 25.000, ein Pfund Bohnen 60.000, ein Pfund Zucker 90.000 Mark, ein Laib schlechten Brots mit Sand 240.000, eine Semmel aus schwarzem Mehl 12.000, eine Tasse Kaffee im Kaffeehaus 80.000, ein Kuchen 75.000, ein Menü im einfachen Restaurant 500.000, ein Pfund Butter vorgestern noch 375.000, heute bereits 1.000.000 Mark.

Das ist aber noch nicht das Schlimmste. Man kann nichts bekommen! Vor den Geschäften mit Milch und Butter stehen ununterbrochen 300 bis 400 Leute Schlange. Wie es scheint, legen die Bauern Vorräte an für den Fall einer Dollarsteigerung oder – einer Revolution. In den Markthallen werden um jedes Pfund neuer Kartoffeln Kämpfe geführt, gegen die die Polizisten, die vielleicht bei Verdun gekämpft haben, machtlos sind. Zucker und Kaffee konnte man eher während des Kriegs als jetzt bekommen. Ein Paar Schuhe kann man für 60 Millionen kriegen, ein Paar Strümpfe für 4 bis 5 Millionen, einen Herrenhut für 10 Millionen. Das heißt, man bekommt ihn nicht. Denn die Geschäfte sind entweder geschlossen, oder sie werden im Laufe des Tages geschlossen, um dem Ausverkauf vorzubeugen. Alle Textilgeschäfte und viele Geschäfte mit Artikeln des täglichen Bedarfs hatten gestern und heute zu.

Aber auch das ist wohl nicht das Schlimmste. Das Schlimmste ist, daß es bei diesem riesigen Geldbedarf nahezu kein Geld gibt. In den Banken betteln Milliardäre bei den untersten Beamten um eine Milliarde und sind froh, wenn sie aus Protektion eine Million bekommen, mit der sie das Mittagessen bezahlen können. Und wenn die Banken auch gern fremde Währung nehmen möchten, sie können sie nicht wechseln, da sie kein Geld dazu haben. In der Wechselstube des Tschechoslowakischen Bankvereins am Potsdamer Platz fuchteln Sie vergeblich mit tschechischen Banknoten in der Luft herum, die Angestellten und Kunden starren Sie nur gierig an wie Tantalus die Früchte über seinem Haupt. Die Bankhäuser bekommen von der Reichsbank keine Banknoten, da diese mit dem Drucken nicht nachkommt. Deshalb zahlen die Banken die Beträge, die der Kunde abheben will, nur mit Schecks aus. Sie geben jedoch keine Schecks auf kleine Beträge aus, sondern einen Summarscheck. Denn die Beamten haben auch mit den hohen Schecks so viel Arbeit, daß sie Nachtdienst machen müssen und fast verrückt werden. Sogar die Bankdirektoren müssen arbeiten! Was aber nützt ein Scheck auf 160 Millionen Mark, wenn man der Hausfrau 10 Millionen Mark für Miete oder im Café ein Stamperl Kognak zahlen soll?

Die Reichsbank druckt jedoch. Sechzig Berliner Privatdruckereien sind mit dem Druck von Banknoten beschäftigt. Und jede von ihnen liefert täglich 26 Milliarden. Unter Kontrolle der Reichsbankbeamten. Dreimal täglich fahren bei diesen Druckereien Lastautos vor, von denen jedes Raum für 10 Milliarden Mark in Banknoten zu 20.000 Mark hat. Das reicht aber nicht. Es müßte eine gleiche Menge Fünfmillionen-Banknoten gedruckt werden. Dazu gibt es jedoch nicht genug Papier mit Wasserdruck, und es ist ja auch Kleingeld nötig. Niemand ist imstande, eine

Kasse des Steglitzer Schloßparktheaters während der Inflation (1923)

Fünfmillionen-Banknote zu wechseln. Die Kellner, die auf solch eine Banknote Kleingeld zurückgeben sollen, werden vom langen Zählen krank.

Die Hektik ist so zügellos und unsinnig, daß es nicht überraschen würde, wenn morgen die Theosophen und Psychoanalytiker versuchen würden, die Herrschaft an sich zu reißen. Was man nicht alles in den Schlangen vor den Buttergeschäften hören kann: »Hätte man den Erzberger nicht umgebracht, so wäre es mit uns jetzt noch schlimmer.« Oder:

»An allem ist der Papst schuld. Er erlaubt es, weil Deutschland protestantisch ist.« Oder: »Solange die Juden das Ruhrgebiet nicht räumen, wird's in Europa keine Ruhe geben.« Man könnte es für einen Witz halten. Es ist jedoch todernst gemeint. Ebenso todernst sagte mir ein Dozent für Romanistik mit traurigem Blick auf seinen schäbigen Anzug: »Jetzt bin ich endlich Millionär. Ich bin neugierig, wie ich aussehen werde, wenn ich Milliardär geworden bin.«

Prostitution treiben jetzt nur Amateurinnen, und am hellichten Tag. Als ich gestern das Café verließ, sprach mich eine Frau an und erzählte mir, ihr Mann sei Innenarchitekt, habe keine Aufträge und sei krank. Ob sie mit mir gehen könne. Ich hatte noch nicht geantwortet, da trat ein Mädchen zwischen uns und wollte die Frau wegstoßen. »Ich habe herrliches Haar und einen schönen Körper ...«

Die Theater sind gut, die Operetten ziemlich gut besucht, die Vorstellung der »Räuber« ist jeden Abend ausverkauft, in den Five-o-clocks wird mit Begeisterung Shimmy um Millionen-Preise getanzt, sozialistische Versammlungen haben wenig Zuhörer, und die einzige Stelle, wo allabendlich ganz Berlin Stelldichein feiert, ist der Lunapark, ein riesiges Berliner Vergnügungsunternehmen.

Die Verarmung und Bereicherung der Berliner Straßen

Die elektrischen Uhren, System Urania, die an den U-Bahn-Stationen und den Straßenecken leuchtend hingen, entsprachen allenfalls dem Tempo und dem Charakter des Vorkriegsberlins: *Carpe horam*! Jetzt werden sie heruntergeholt; die Kohlennot, der Stromverbrauch und die Unterhaltskosten sind der Grund dafür. Schade!

Auch die »Rotunden« werden allmählich geschlossen, die Häuschen jener Stiftung, zu der vor hundertsiebzig Jahren der originelle und tapfere Journalist Sebastian Mercier in Paris zum allgemeinen Ärgernis und Ergötzen mit seinem flammenden Aufsatz in den »Tableaux de Paris« den Anstoß gab. Aber was für Paris ein notwendiges Übel gewesen war, das war für das Vorkriegsberlin eine in die tägliche Stundeneinteilung einbezogene Institution. Der Berliner, der sich nicht Zeit zum Essen läßt und keinerlei Sinn für Liebe, Kaffeehaus, Konditorei, also für irgendeinen Genuß, hat, hatte auch keine Zeit und keinen Sinn für etwas anderes als für seine Geschäfte. Und unter Geschäft verstand er nur das, was ihm etwas einbrachte. Für andere Geschäfte bediente er sich der Rotunde, die ihm auf dem Wege vom Mittagessen zur Werkstatt am nächsten lag. So hatte zwar jede Rotunde ihre Stammgäste, aber von Stammgästen, denen die Liebe abgeht, läßt sich auch bei bescheidensten Ansprüchen nicht leben.

Der hochpolitische Redakteur Theodor Wolff schlug in einem grundrichtigen Leitartikel die Stilllegung der Berliner Straßenbahnen vor, indem er auf die Riesensummen hinwies, die die Schienen und die Weichen und die Waggons verschlingen, alles Kosten, die bei Autobussen nicht erforderlich sind. Jetzt wird sein Antrag ernstlich erwogen, neue

Erhaltene »Rotunde« – Öffentliche Toilette nach dem Entwurf von 1878

Autobusstrecken sind bereits in Betrieb, und vielleicht wird Berlin bald die erste Großstadt der Welt ohne elektrische Straßenbahn sein.

Zu vielen anderen Einschränkungen des Straßenverkehrs gehört auch, daß der Hunde letztes Stündlein geschlagen hat. Sie haben zuviel gegessen, und so werden sie jetzt selbst gegessen, die Zeiten sind hundsmiserabel. Die Bautätigkeit, die, zumindest was das Aufsetzen von Stockwerken betrifft, ziemlich rege war, setzte völlig aus seit der Besetzung des Ruhrgebietes im vorigen Monat und seitdem die Mark und die Preise so stark gestiegen sind, daß man auch für Kronen nichts Anständiges mehr kaufen kann.

Und doch verzeichnet der Berliner Straßenverkehr eine Bereicherung, und doch wird noch was gebaut: An allen Ecken und Enden entstehen »Dollarhäuschen«, Häuschen aus Glas mitten auf der Straße, wo fremde Währung gewechselt werden kann. An lebhaften Kreuzungen, Ecke Leipziger und Friedrichstraße beispielsweise oder Ecke Nürnberger und Kleiststraße, stehen sie mitten auf dem Fahrdamm. Sogar auf der heiligen Straße Unter den Linden, die die Elektrische nur unter der Erde kreuzen darf, wurde eine ähnliche Dollarbude errichtet, am sogenannten Kranzler-Eck vor dem *Café Bauer*, wo sich vor dem Krieg der teuerste Bauplatz der Welt befand. Auch in den entlegensten Vororten wurden diese Wechselstuben in den Weg gestellt. Sie sind ständig voller Leute, und weil darin wenig Platz ist, drängen sich auch draußen viele. Sie sind Ersatz für die Rotunden, sie sind die modernen Bedürfnisanstalten, zu deren Errichtung kein Aufruf eines Sebastian Mercier nötig war. Sie sind aber auch ein Ersatz für die verschwindenden elektrischen Normaluhren. Hier erhältst du die modernen Zeitangaben, sie werden direkt von der modernen Sternwarte aus eingestellt, die Börse gibt ununterbrochen die Kurse durch… Hier werden Lei, Peseten, Pfunde, Tschechokronen, polnische Mark und Wiener Kronen, Dollar und Yen gewechselt, hier wird die Nietzschesche »Umwertung aller Werte« vollzogen, deren Tempel sie sind. Daneben steht eine dem Untergange geweihte Rotunde, die Tür »Für Herren« ist geschlossen, die Tür »Für Damen« ist geschlossen, und nicht einmal ein Hund hebt an ihrer Wand das Bein. Es gibt keine Hunde mehr, und gäbe es welche, so würden sie zum Dollarhäuschen laufen…

Eine weitere, ebenso bedeutende Neuerung des Berliner Straßenlebens ist die Flut der Bettler, die geradezu ins Maßlose ansteigt. Wenn du bei Krziwanek, bei Berg oder bei Krátký oder in einem anderen jener Restaurants sitzt, die zwar gut, aber doch nicht so vornehm sind, um einen Portier zu beschäftigen, so passiert es dir fast regelmäßig, daß du dich zwischen Suppe und Mehlspeise von mehr als einem Dutzend Bettlern, Müttern mit Säuglingen, zitternden Kriegsinvaliden, Greisen, Kindern, Streichholz- und Ansichtskartenverkäufern loskaufen mußt, die alle ihren hungrigen Blick in dein Gulasch bohren. Wenn du dann abends das Kino oder das Theater in der Königgrätzer Straße verläßt, wo Čapeks »Aus dem Leben der Insekten« immer noch als die einzige Sensation Berlins gespielt wird, strecken sich dir halbe Arme und halbe Beine wie Querhölzer eines Tourniquets[6] entgegen... In der Tauentzienstraße geht plötzlich Seite an Seite mit dir ein junger Mann, er versucht zu sprechen, was ihm nicht gelingt, doch plötzlich bringt er das Wort »Hunger« heraus. Sie schenken ihm etwas, worauf er selig dankt. »Ich bin arbeitsloser Schauspieler, Sie haben Ihr Geld nicht für einen Betrüger hinausgeworfen. Ich habe Wedekind und Strindberg gespielt – wenn Sie wollen, so trage ich Ihnen jede beliebige Wedekindsche Rolle vor, damit Sie wissen, daß ich kein Lügner bin...« Er kommt jedoch nicht mehr dazu, denn von der anderen Seite nähert sich ein etwa zwölfjähriges Mädchen: »Schenken Sie mir etwas, Mutti hat Hunger.« Nachdem sie einen Schein erhalten hat, sagt sie mit einem tiefen Seufzer: »Haben Sie zu Hause etwas zu essen? Ich würde mit Ihnen gehen...«

So ist es nicht nur zu einer Verarmung, sondern auch zu einer Bereicherung des Berliner Straßenlebens gekommen.

(1923)

Die Siegesallee

Kaiser Wilhelm II. war doch nur ein Emporkömmling. Nirgends trat es so klar zutage wie in der Siegesallee, über die sich alle Leute mit Geschmack lustig machten, ohne sich diese riesenhafte Kitschsammlung, diese Orgie der Geschmacklosigkeit, irgendwie erklären zu können. Man stand vor einem Rätsel, dessen Lösung das Majestätsbeleidigungsgesetz verbot. Die Krähwinkelidee, ein steinernes Panopticum zu errichten, läßt sich nur aus dem Geist ihres Urhebers, durch den Dünkel Wilhelms II. erklären.

Wissen Sie, was das ist, die Siegesallee? Ein Weg im Berliner Tiergarten, nicht länger und auch nicht breiter als die Masarykstraße in Brünn, und zu beiden Seiten stehen je sechzehn Denkmäler aus weißem Marmor, die brandenburgischen Herrscher darstellend. Aber diese Marmorpuppen stehen nicht allein, jede ist von halbkreisförmigem, weißem Marmor mit lauter Ornamenten, Kronen und Adlern und je zwei Büsten jener Persönlichkeiten umgeben, die unter der Regentschaft des betreffenden Herrschers am meisten hervorragten. Insgesamt steht hier ein Spalier von 96 Gestalten – ein ganzer weißer Marmorbruch wurde zusammengetragen und von den Bildhauern Begas, Schaper, Uphues, Eberlein, und wie die Michelangelos Wilhelms II. alle heißen, bearbeitet. Wessen Geschmack konnte sich derart verirren? Nur der eines Emporkömmlings. Ein solcher hat keine anderen Sorgen, als sich, frisch aufgerückt, im neuerworbenen Stammschloß sofort seine Ahnenreihe malen zu lassen. Und erlangt er nicht bloß den Adelsbrief, sondern gar die Kaiserwürde, so läßt er sich seine Ahnengalerie gleich in Marmor hauen. Es liegt auf der Hand, ein Emporkömmling muß man nicht erst werden, man kann bereits als Emporkömmling zur Welt kommen.

Die Siegesallee verbindet zwei Plätze miteinander. Auf dem einen wurde das Denkmal des Berliner Schutzpatrons Roland errichtet, das ebenso rot wie häßlich ist. Auf dem zweiten steht, zur Erinnerung an den Krieg von 1870/71, aus erbeuteten Kanonen die übliche Siegessäule mit Reliefs der Schlachten bei Königgrätz und Sedan und mit der vergoldeten Viktoria, die in einer Höhe von sechzig Metern die Flügel ausbreitet, um einen neuen Flug zu unternehmen. Zwischen dem Roland und der Viktoria führt der Weg mit den historischen Puppen. Berlin, die kleine Herrschaft der Brandenburger, so soll bildhaft vor Augen geführt werden, ist durch die Siege der hier aufgestellten Fürsten zu einer Weltmacht geworden, die eine andere Weltmacht, nämlich Frankreich, besiegte. Nun spazieren, besonders sonntags, Hunderte von Bürgern eines frierenden, gedemütigten, ausgehungerten und verhaßten Landes hierher, und während ihre Kinder auf die Steinbänke des Marmorrondeaus klettern, schimpfen sie auf die schlechten Zeiten, auf die Ausländer und auf die Juden, auf die Franzosen im Ruhrgebiet und auf die Preise in Berlin. Aber auf den Gedanken kommen sie nicht, die Fürsten zu beschimpfen, deren Denkmäler hier errichtet wurden, um einen Zusammenhang herzustellen zum Wohlstand des Landes. Nein, sie promenieren, bleiben vor den steinernen Puppen stehen, versuchen, während ihre Kinder auf die Denkmäler der Balustrade klettern, die gotisch sezessionistischen Inschriften auf den Sockeln zu entziffern, und heften den Blick verliebt auf die stolzen Stirnen, Gesichter und Schwerter ihrer einstigen Herrscher. Niemand hält sie für die Schuldigen. Das ist traurig.

Aber etwas Lustiges findet man doch an der Siegesallee. Das ist der Unterschied zwischen der linken und der rechten Denkmalreihe. Rechts (von der Siegessäule aus gesehen) sind die ältesten brandenburgischen Markgrafen dargestellt, beginnend

Situationsplan.

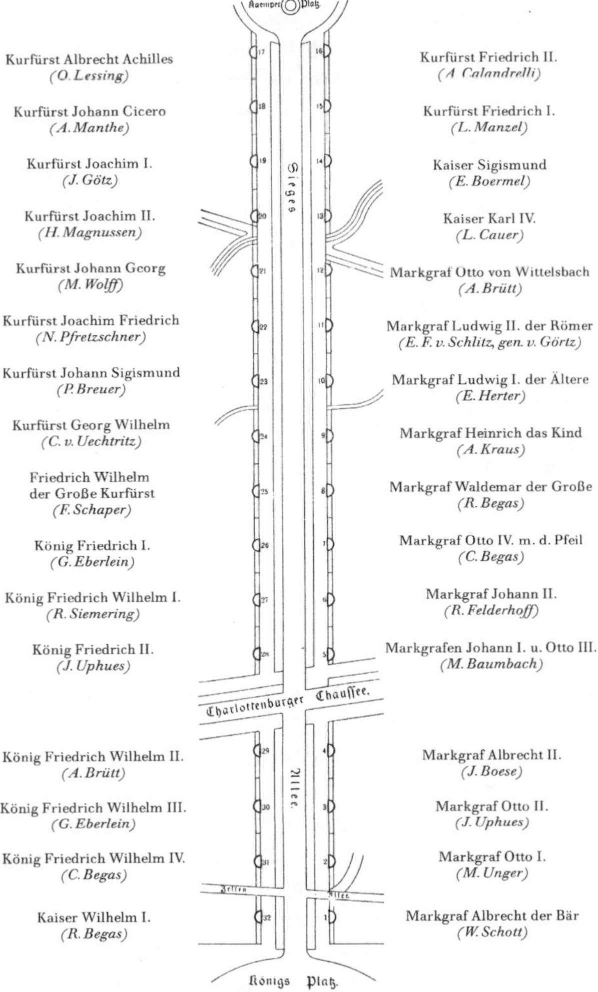

mit Albrecht dem Bären, der von 1100 an herrschte. Er hält ein aufgerichtetes Kreuz und sieht wie ein außerordentlich bescheidener und sanfter Mann aus. Auch die beiden Bischöfe hinter ihm haben eine so gütige Physiognomie, daß man geradezu staunt.

Überhaupt sind alle Fürsten und ihre Paladine, die auf jener Seite stehen, von beneidenswerter Schönheit, lauter Adonisse, Lohengrine oder Siegfriede. Sie haben hohe, gewölbte Stirnen, kühn gebogene Nasen, feurige oder versonnene Augen, eine athletische Muskulatur und sind von hünenhafter Gestalt. Auch unsere Landsleute in der preußischen Siegesallee erheischen großen Respekt; Fürst Pribislaw, der im zwölften Jahrhundert die Stütze Ottos I. war, wie ich aus dem steinernen Buche erfahre, steht hier als ein älterer Mann mit wildem Haar, mit einem Bärenfell überm Leib und einem Halsband aus Eberzähnen. Herzog Wratislaw von Pommern, zum Denkmal Heinrichs des Kindes gehörend, ist ein blonder Mann in den besten Jahren mit großen schönen Augen. Unser Karl IV., dem ein Denkmal errichtet wurde, weil er *anno domini* 1373 die Markgrafschaft Brandenburg eroberte, hält ein Buch und seinen Geldbeutel in der Hand und blickt versonnen in die Ferne. Von den Großen jener Zeit wurden weder Ernst von Pardubitz noch Meister Johannes Hus, der Großvater der deutschen Reformation, für würdig befunden, hier verewigt zu werden. Statt ihrer fungieren als Doppelposten Herr Klaus von Bismarck, markgräflicher Hofmarschall, und Dietrich von Portici, der Kölner Erzbischof – über die Palacký, der das ganze neunte Buch seiner Geschichte Karl IV. widmete, überhaupt nichts weiß, und ich fürchte, daß nicht einmal Karl IV. die beiden Herren, in deren Gesellschaft er für alle Zeiten stehen soll, persönlich kannte. Aber, wie gesagt, auch sie sehen sehr schmuck aus, wie ja die ganze rechte Reihe (Otto der Faule nicht ausgenommen, der sich nonchalant auf sein Schwert stützt) aus lauter überwältigend idealen Gestalten zusammengestellt ist.

Aber, o Graus, die Reihe auf der anderen Seite schaut ganz anders aus. Wie häßlich die brandenburgischen Herrscher geworden sind, seit sie zu Königen und Kaisern aufrückten! Hier gibt es keine Siegfriede, keine Adonisse, keine Lohengrine! Die Figuren haben zumeist Fettbäuche, Blähhälse, Augensäcke, Glatzen, Warzen, Doppelkinne, spitze Nasen und affektierte Münder. Sie stehen gebeugt und stützen sich nicht mehr auf stolze Schwerter, sondern auf Stöcke und sogar auf Krücken. Waren

Allee der »Puppen« im Tiergarten

die Bildhauer auch bemüht, sich bei ihren Herrschern einzuschmeicheln – eine Schönheitsgalerie vermochten sie aus dieser Epoche ihrer Heimatgeschichte nicht zu machen. Wie konnten die Regenten im Laufe von hundert Jahren nur so häßlich werden? Die Herren zur Linken müßten angesichts ihrer schönen Ahnen von gegenüber vor Neid erblassen, wenn sie nicht schon aus weißem Marmor wären.

Aber sie mögen sich trösten. Ihre Vorgänger waren keinen Deut schöner als sie. Die älteren Dynasten hatten nur das Glück, in einer Zeit zu leben, in der es noch keine Porträtkunst gab und in der ihre Bilder mit ungeübter Hand auf Münzen, Pergamente und Sarkophage eingeritzt wurden, ohne Anspruch auf Ähnlichkeit, Charakterisierungskunst oder Naturalismus, auch nicht in einer Sandwüste und in den brandenburgischen Kiefernwäldern. Deshalb konnten die Schöpfer der Siegesallee auf die mittelalterliche Seite beliebig Idealgestalten stellen, und erst die Neuzeit bremste ihre Beschönigungsphantasie.

Tröstet euch also, ihr Herrscher der modernen Zeit, eure Ahnen hatten keine minder widerwärtigen Visagen als ihr. Und glaubt mir, ihr Bürger, die ihr an den steinernen Figuren promeniert, auch die neuesten Denkmäler sind Schmeicheleien, und die Allee ihrer Siege führt uns nicht in bessere Zeiten.

(1923)

Garantiert echte Seekrankheit

Schade, daß die Kursivartikel der *Lidové noviny* erst in der vierten Spalte beginnen, wo kein Platz mehr für große, bombastische Überschriften ist. Ich hätte diesen Zeilen gern einige Schlagzeilen vorangestellt: »Hier machen dich 420 Pferdekräfte verrückt.« – »Wie man sich für nur 10.000 Mark den Fuß verstauchen kann.« – »Die Gefahren und Lockungen der Villa Irrenhaus.« – »Elektrischer Strom von 1.200 Ampere zerreißt die Kleider.« – »Wie man am sichersten Geld verlieren kann.« Oder ähnliche Aufschneidereien im Stile eines Marktschreiers – nur mit ein wenig anderem, den Berliner Verhältnissen angepaßtem Inhalt.

Ich will nämlich vom Lunapark erzählen, einem echt Berliner Vergnügungsunternehmen von kolossalen Dimensionen am Ende des Kurfürstendammes, im Berliner Westend, wo allabendlich die ganze Welt (oder zumindest die Halbwelt) aus allen Bezirken und Vororten zusammenströmt. Mit dem Wiener Wurstelprater kann man den Lunapark nicht vergleichen. Während dort die Vergnügungen harmlos und dumm sind, herrscht in diesem tollen Getriebe Methode – aggressive, gehässige, sich selbst vernichtende und perverse Methode. Und zum Unterschied von Wien gibt es hier eine fabelhafte Aufmachung. Die Landschaft zum Beispiel, durch die die Gebirgsbahn (sie heißt nicht mehr Scenic Railway, Gott strafe England!) bergauf und bergab dahinrast, wurde von ausgezeichneten Malern auf einer 30, sage und schreibe dreißig Meter hohen Fläche so dargestellt, daß der Mensch, wenn er aus der Höhe kopfüber herunterfällt, den Eindruck hat, als würde er über ein wirkliches Schweizerhäuschen stürzen. Das von unterirdischen Maschinen angetriebene Blech des »Eisernen Sees« ist blau bemalt, und wenn du im

Schinakel[7] sitzt und dich krampfhaft bemühst, es so zu führen, daß du nicht anprallst oder umkippst, dann kannst du dir einbilden, tatsächlich auf See zu fahren, ohne die salzige Seeluft atmen zu müssen oder naß zu werden. Wirklich seekrank kannst du

Drehbares Haus im Lunapark (1923)

hier allerdings leider nicht werden! Aber auch dafür wird gesorgt. Komm nur mit zum Teufelsrad! Das ist ein Riesenrad, das sich mit großer Geschwindigkeit dreht und zugleich auf und nieder schaukelt »Garantiert echte Seekrankheit«, steht auf einer riesigen Reklametafel. »Eine Fahrt nur 10.000 Mark.« Das ist billig, wenn man bedenkt, daß der Dollar 4.000.000 Mark kostet, und es ist begreiflich, daß die Damen über die Maschine herfallen. Sie werden auch nicht enttäuscht. Staunend und neidvoll beobachten die Außenstehenden, wie sich die Fahrgäste im Kreise drehen, wie sie anfangs schreien, dann grün werden, wie ihnen zuerst der Hut vom Kopfe fliegt und dann der Haarknoten, wie das Gesicht blaß wird, dann blau anläuft, wie die Hände in der Luft vergeblich nach einem Halt suchen, wie sich der Kopf neigt und wie sich auf das weiße Kleid eine grünliche Flüssigkeit ergießt. Im glücklicheren Falle reißt noch die Halskette entzwei, und die betroffene Dame kann in der Pause vor der nächsten Fahrt vom Boden des Wunderrads ihre falschen Perlen aufsammeln. Das alles für schäbige 10.000 Mark.

Die Shimmytreppen, deren Stufen völlig verrückt auf und nieder springen, haben den Vorteil, daß man sich auf ihnen am sichersten den Fuß verrenken kann. Der Arzt sitzt gleich unten an der Kasse, und seine Hilfeleistung erhöht die Gebühr noch etwas. An der Rodelbahn, die aus 60 Meter Höhe herabführt, amüsieren sich eigentlich nur die Herren, die unten an der Ausfahrt stehen, wohin die rodelnden Damen mit vor Furcht hochgezogenen Beinen herangesaust kommen. Daß der Herr selbst rodelt, hat wenig Sinn. Ich gebe zu, es ist nicht teuer, wenn man sich für pure 10.000 Mark Strümpfe, Strumpfbänder und meinetwegen noch mehr zerreißen kann, aber, meine Damen, denkt auch daran, daß die Wasserrutschbahn nur 5.000 Mark mehr kostet, und zu allen erwähnten Genüssen haben Sie noch den Genuß, durch eine wirkliche Pfütze fahren und sich das Kleid verderben zu können! Oder es kann Ihnen für das gleiche Geld in der Villa Irrenhaus (in der die Wände, der Fußboden und sogar die Möbel die verrücktesten Gaukeleien vorspiegeln) passieren, daß Sie sich vor Ihrem entzückten Anbeter auf den Kopf stellen.

Bitte kommen Sie näher, meine Herrschaften, nur hereinspaziert. Die Billigkeit der geschilderten Genüße wird noch deutlicher, wenn wir verraten, daß im Maschinenraum des Lunaparks eines der größten Elektrizitätswerke Berlins steht. Den elektrischen Strom erzeugen Sechswalzen-Dieselmotoren mit 375 Umdrehungen in der Minute, deren Leistung 420 PS beträgt. Die Motoren sind mit einem Dynamo von 1.200 Ampere direkt verbunden. Die Einrichtung besteht außerdem aus einem Transformator, der den Wechselstrom des städtischen Elektrizitätswerks von 6.600 Volt in Gleichstrom von 2 mal 230 Volt umwandeln kann. Imponiert Ihnen das nicht? Von wegen! Weil Sie davon einen Quark verstehen. Aber von dieser elektrischen Station führen Kabel zur Gebirgsbahn, zur Villa Irrenhaus, zum Teufelsrad, zur Shimmytreppe, zur Wasserrutschbahn und zum Eisernen See und liefern die Antriebskraft. Der Elektrizität, der menschlichen Erfindungsgabe und dem enormen industriellen Fortschritt verdanken Sie also, Hochgeehrte, daß Sie eine echte Seekrankheit kaufen, daß Sie sich das Bein verrenken, daß Sie, sehr geehrte Frauen und Jungfrauen, Ihre Ketten, Strümpfe, Strumpfbänder, Kleider und andere Sachen zerreißen und beschmutzen können, der Kunst und Wissenschaft verdanken Sie all diese und zahlreiche andere reizende Vergnügungen. Hereinspaziert, meine Damen und Herren, nur hereinspaziert!

Was nicht elektrisch betrieben wird, ist deswegen nicht weniger raffiniert. Sie können kleine Ringe über Kognakflaschen werfen, und fängt der Ring die Flasche ein, gehört sie Ihnen. Das ist sehr verlockend, weil der Ring groß und der Flaschenhals schmal ist und weil die Entfernung kaum anderthalb Meter beträgt. Nur hat das Ganze einen kleinen Haken: Auch der Würfel, auf dem die Flasche steht, muß vom Ring eingefangen werden. Da jedoch der Kreis, den ein Mathematiker nach der Grundfläche des Würfels ziehen würde, genauso groß ist wie der Ring, ist ein Treffer in der Praxis unmöglich, und meine Prager und Brünner Bekannten haben hier noch keinen Kognak gewonnen.

Genauso sind die Glücks- und Geschicklichkeitsbuden eingerichtet, die als Gewinne zwar nur Gipsfiguren und ähnlichen Kitsch anbieten, aber trotzdem so angelegt sind, daß einem weder Glück noch Geschicklichkeit hilft. Nur dort, wo keine Preise winken, kann jeder das Ergebnis seiner Bemühun-

Der Lunapark in Halensee

gen sehen: zum Beispiel in der Bude, wo man den Hut vom Kopfe des Devisen-Kohns, der Dollartante, des Schiebers, des Steuereinnehmers oder Theodor Neureichs herabschlagen kann, oder im Knusperhäuschen, in dem Hänsel und Gretel im Bett liegen, als leibten und lebten sie noch, und herausfallen, sobald ein Ball die Zielscheibe trifft. Das Publikum wird amüsiert, neues wird angelockt, und den Inhaber kostet es nichts. Raube ich auch manchem Herrn, der stolz auf seine Gewandtheit ist, die Illusion, so muß ich doch verraten, daß der Budeninhaber Hänsel und Gretel selbst dann aus dem Bett fallen läßt, wenn der Ball die Zielscheibe nicht trifft. Also noch einmal: Hereinspaziert! Zivilisten vom Feldwebel abwärts zahlen die Hälfte!

(1923)

Die Lichtensteinbrücke im Tiergarten

Rettungsgürtel an einer kleinen Brücke

Über die Brüstung der Lichtensteinbrücke, einer kleinen Brücke, die vom Hintereingang des Zoologischen Gartens zum Tiergarten führt, ist ein Rettungsring gehängt. Ein Seil, das sich nicht verfitzen kann, ermöglicht es, den tragfähigen Gürtel weithin in den Landwehrkanal zu schleudern. Die Gegend ist, man kann es nicht anders sagen, idyllisch.

Der Kandelaber, der den Rettungsring darbietet, hält gleichzeitig eine Papptafel mit illustrierten Anweisungen zur Wiederbelebung Ertrinkender. Ferner verkündet ein Schild, daß sich die nächste Rettungsstelle im Hause Nr. 9 der Budapester Straße befinde.

Bedenkt man, daß die Lebensmüden sich für einen ernstgemeinten Selbstmord eine Stunde aussuchen, da niemand in der Nähe ist, und daß sie selten um Hilfe rufen, bedenkt man, daß die Aussicht, hier unversehens ins Wasser zu fallen, selbst für einen Bezechten gering ist, bedenkt man ferner, daß nächtlicherweile in Berlin, in der Tiergartengegend, die freiwilligen Samariter besonders dünn gesät sind, auch im Falle einer Hilfsbereitschaft sich kaum jemand des Rettungsgürtels erinnert, und daß der Ertrinkende während der Loslösungs- und Wurfvorbereitungen bereits entkräftet ist und einen in seine Nähe geschleuderten Gegenstand nicht mehr zu erreichen vermag – bedenkt man also all das, so wird man annehmen können, daß der Gürtel am stillen Brücklein noch keinen vom Tode gerettet hat.

Aber der Rettungsgürtel ist hier nicht unangebracht angebracht. Da ja immerhin die Möglichkeit besteht, daß jemand im Kanal umkommt (ein Füsilier, der 1904 bei einer Rettungstat ertrank, hat hier ein Denkmal aus Bronze, Stein, Efeu und Baum), so besteht auch die Möglichkeit, daß einmal in Jahrzehnten der Korkring einen Menschen dem Wasser entreißen könnte, der Wiederbelebungsversuch laut Anweisungen auf dem Pappkarton Erfolg hätte, die Rettungsstelle Budapester Straße Nr. 9 rechtzeitig benachrichtigt und ihre Abgesandten rechtzeitig an Ort und Stelle sein könnten.

Ein Menschenleben kann nicht hoch genug bewertet werden. Von dem Rettungsgürtel auf Wurfweite entfernt ist die Stelle, wo uniformierte Männer einen Frauenkörper ins Wasser warfen.

Irgendwelche Bürger von der Einwohnerwehr hatten sich Rosa Luxemburgs in dem Haus bemächtigt, in dem sie wohnte, und aus irgendwelchen Gründen gerade ins Eden-Hotel gebracht, wo der Stab der Gardekavallerie-Schützendivision hauste, forsche Herren, monokelnd und näselnd, die nun kurzerhand übereinkamen, die »Galizierin« um die Ecke zu bringen.

Um die Ecke zu bringen – sie machten die Phrase wahr, die sprachliche Wendung zu einer wirklichen Wendung.

Das Haus muß rein bleiben, das ist der Grundsatz jedes biederen Ehemannes, etwas anderes ist, was man außerhalb des Hauses tut. Das Haus muß rein bleiben, und erst in der Sekunde, da Rosa Luxemburg, vom herbeigeholten Mordkommando begleitet, den Fuß aus dem Hotelportal setzte, zertrümmerten die Helden mit Gewehrkolben von hinten ihr Schädeldach und legten sie ins Auto. Herr Leutnant Vogel fuhr mit, er saß neben dem Führersitz, preßte seines Revolvers Mündung auf die Stirn der halbtoten Rosa Luxemburg und drückte ab. Der Schuß ging nicht los, denn die Waffe war nicht entsichert; nun, so entsicherte er sie eben, preßte von neuem seines Revolvers Mündung auf die Stirn der halbtoten Rosa Luxemburg und drückte von neuem ab.

Das Auto fuhr inzwischen die Straße geradeaus, die damals noch Alter Kurfürstendamm hieß und jetzt Budapester Straße heißt, während statt dessen die Budapester Straße nach Friedrich Ebert genannt wird, so daß sowohl Horthys Budapest[8] wie Deutschlands Ebert eine ihrer würdige Ehrung haben. Aber das Auto fuhr nicht geradeaus über die Corneliusbrücke, sondern bog links ein – man hatte ja Rosa Luxemburg um die Ecke zu bringen.

Um die Ecke zu bringen – an der ersten Ecke, links vom Alten Kurfürstendamm, ist die Gegend finster. Auf der einen Seite die Wirtschaftsgebäude vom Zoo, auf der andern Seite der Landwehrkanal. Nahe der Lichtensteinbrücke wächst sogar noch Gebüsch zwischen Weg und Wasser, hält das Auto. Kein Mensch kommt zu so später Stunde hierher, es ist auch heute keiner da, wohl aber Gardeoffiziere mit Maschinengewehren; sie bewachen die Brücke, an der der Rettungsgürtel hängt. »Halt, wer da?« – »Um Gottes willen, nicht schießen!«

Oberleutnant Vogel (zum herankommenden Offizier): »Bitte, veranlassen Sie nichts! Ich habe die Leiche der Luxemburg.« Der Offizier: »Gott sei Dank!«

Dann wurde Rosa Luxemburg ins Wasser geworfen. Da der Körper, tot oder halbtot, auf der Oberfläche schwamm, soll er (gewiß weiß man es nicht, denn die des Meuchelmordes angeklagte Garde-Division stellte selbst den Gerichtshof) wieder herausgefischt worden sein, mit Draht umwickelt und mit Steinen beschwert. Woher nahm man so eilig den Draht? Wahrscheinlich vom Rettungsgürtel.

Vorsitzender: »Erinnern Sie sich nicht, daß Leutnant Röpke, die Hand an die Mütze legend, Ihnen gemeldet hat: ›Die Leiche Rosa Luxemburgs ist soeben ins Wasser geworfen worden, wenn Herr Hauptmann sie sehen will, dort schwimmt sie.‹«

Hauptmann Weller: »Als ich auf der Brücke stand, sah ich einen dunklen Gegenstand im Wasser treiben. Da kann vielleicht jemand gesagt haben: ›Da schwimmt sie.‹«

Dieser dunkle Gegenstand ist Rosa Luxemburg.

Dort schwimmt sie, ein dunkler Gegenstand. Die lichten Helden, die sie um die Ecke gebracht haben, fahren um die Ecke zurück, rühmen (zueinander) ihre Tat, zahlen Belohnungen aus, lassen Wein auffahren, sich als Gruppe photographieren: Der Jäger Runge, der den ersten Kolbenhieb drosch, darf mit den Herren Offizieren auf das Bild. Großer Sieg.

Ein Menschenleben kann nicht hoch genug bewertet werden.

Karl Liebknecht

Rosa Luxemburg

Auf der einen Seite der kleinen Brücke, an der fürsorglich der Rettungsgürtel hängt, ist das Lichtensteinportal des Zoologischen Gartens. Auf der anderen Seite beginnt der Neue See; dort haben zwölf Minuten früher die Kameraden des Leutnants Vogel den Kameraden von Rosa Luxemburg um die Ecke gebracht.

Um die nächste Ecke, erst im Tiergarten, wo vor hundert Jahren die hohen Herren das Wild zu erlegen geruhten. An der ersten Stelle, die dunkel war, ein Seitenweg zweigte ab, zerrte man den beim Ausgang des Eden-Hotels gleichfalls halb erschlagenen Karl Liebknecht aus dem Auto und forderte ihn auf, zu Fuß zu gehen. Nach links, obwohl man angeblich nach Moabit wollte, also schnurstracks geradeaus. Aber man mußte ihn doch um die Ecke bringen.

Sechs Offiziere, Kapitänleutnant Horst von Pflugk-Hartung, Leutnant Stiege, Leutnant von Ritgen, Leutnant z. S. Schulze, Hauptmann Heinz von Pflugk-Hartung und der Leutnant d. R. Liepmann, cand. phil., Sohn eines Charlottenburger Justizrats, ein Jude, der sich von keinem Gardeoffizier einen Mangel an schneidiger Bestialität nachsagen lassen wollte, sowie der Jäger zu Pferd Clemens Friedrich führten oder schleppten Karl Liebknecht.

Kapitänleutnant Horst von Pflugk-Hartung feuerte von hinten den ersten Schuß ab, Signal zu dem Bombardement auf Liebknecht. Als dieser tot zusammenbrach, todsicher tot, konnte er auf die Unfallstation gebracht werden, deren Adresse neben dem Rettungsgürtel an der kleinen Brücke angegeben ist.

Es sei ein »unbekannter Spartakist«, sagten sie, wollten zunächst beide Meuchelmorde verheimlichen, gaben dann eine Erklärung heraus, Herr Dr. Liebknecht sei von der vor dem Hotel angesammelten Menschenmenge schwer verletzt worden, habe im Tiergarten flüchten wollen, auf mehrfaches Anrufen nicht haltgemacht und einem Verfolger einen Messerstich versetzt, worauf man ihm nachschoß. Wo Frau Dr. Luxemburg sei, wisse man nicht, verlautbarten ihre Mörder endlich; eine spartakistische Menge habe sie mit dem Ruf »Das ist die Rosa« an der Corneliusbrücke (also nicht um die Ecke, versteht ihr!) vom Wagen geholt und sei mit ihr in der Dunkelheit verschwunden.

All diese Behauptungen wurden selbst vor dem Kameradschaftsgerichtshof nicht aufrechterhalten, sie hatten sich längst als Lügen herausgestellt; vor dem Hotel waren weder Zivilisten, die Karl Liebknecht aus antispartakistischen Gründen tödlich verwundet hatten, noch Zivilisten, die aus spartakistischen

Gründen Rosa Luxemburg bei der Corneliusbrücke in die Dunkelheit retteten. Kein Zivilist wußte von der Festnahme und gar vom Abtransport der beiden, kein Zivilist war dem Auto begegnet, als es um die Ecke bog.

Obwohl die Gardekavallerie-Schützendivision aus dem Eden-Hotel das Divisionsgericht stellte, also keinem der Herren Mörder etwas passieren konnte, muß anerkannt werden: Alle verleugneten tapfer ihre Mannespflicht, drückten sich, verlangten keinerlei öffentliche Anerkennung von ihrem Chef Noske[9] und ihrem Oberchef Ebert dafür, daß sie, sieben Mann, Liebknecht überwältigt hatten, und verzichteten auf Orden und Ehren, damit im Interesse von Staat und Gesellschaft die Wahrheit über seinen Tod verschwiegen werde.

Ein Menschenleben kann nicht hoch genug bewertet werden.

Das alles fällt einem so ein, wenn man auf dem idyllischen Brücklein steht, an dem fürsorglich ein Rettungsgürtel hängt.

(1924/1936)

Experiment mit einem hohen Trinkgeld

Der Passagier zahlt in Berlin den Fahrpreis und weiter nichts. Vielleicht macht es ihm zuviel Mühe, noch ein Nickelstück aus der Münzenfülle seiner Tasche herauszusuchen. Zeigt sich ausnahmsweise doch jemand so splendid, einen Sechser zuzulegen, so streckt er die zwanzig Pfennig dem Schaffner hin, ohne sie ihm gleich zu geben, und sagt: »Fünfzehn – ist schon gut.« Der Schaffner salutiert angesichts der in Aussicht stehenden Überzahlung, reicht dem Fahrgast höflich den Schein, nimmt die zwei Groschen entgegen und legt zum zweitenmal die Hand an die Mütze. Die dritte Ehrenerweisung erwartet der munifizente Herr, wenn er sich später zum Aussteigen von der Elektrischen bereit macht. Drei Respektbezeigungen für fünf Pfennig! Das wären bei einem Trinkgeld von zehn Pfennig sechs Grüße, bei einem Trinkgeld von... Mir fiel ein, daß man empirisch feststellen müßte: Wie reagiert die Psyche des Straßenbahnkondukteurs auf ein Douceur von ungewöhnlichem Ausmaße, das zum Beispiel mehr als dreimal so groß ist als der Fahrpreis und siebenmal so groß als das Normaltrinkgeld! Auf meinen diesbezüglichen Entdeckungsreisen ins Land der Berliner Schaffnerseele war festzustellen, daß sich erstens eine einheitliche Reaktion nicht ergeben hat, daß zweitens – aber nein: es seien hier nur schlicht die nackten Ergebnisse der Fahrten aufgezählt und alle Deduktionen dem Leser überlassen.

1. Ich stieg an der Ecke Potsdamer und Lützowstraße in die nach dem Westen fahrende »76«. Dem Schaffner, der eine Brille trug, reichte ich ein Fünfzigpfennigstück, wobei ich ihm mit der nachlässigen Gebärde des noblen Schenkers bedeutete, den Rest zu behalten. Hätte ihm jemand statt des Fahrpreises von fünfzehn Pfennig zwei

Groschen mit dieser Handbewegung überreicht – er hätte sie nicht übersehen. Aber für ein Geschenk von fünfunddreißig Pfennig war sie doch nicht nachdrücklich genug. Er kramte also noch in seiner Ledertasche. Ich mußte zu einer sprachlichen Unterstützung meiner Geste Zuflucht nehmen und bemerkte mit Nonchalance: »Es ist gut.« Der Mann mit der Brille stutzte kaum einen Augenblick. Dann dankte er. Wie dankte er? Er dankte ganz gewöhnlich, er dankte kaum für fünf Pfennig! Anscheinend vermutete er, einen zerstreuten Menschen vor sich zu haben... Er ging während der Fahrt noch oft an mir vorbei, aber die Brillengläser würdigten mich keines Blickes. Als ich an der Gedächtniskirche ausstieg, gab er das Abfahrtssignal, ehe ich das Trittbrett verlassen hatte.

2. Von der Uhlandstraße fuhr ich zum Belle-Alliance-Platz. Auf der hinteren Plattform blieb ich stehen. Ich zahlte mit einem Markstück. Der Schaffner tropfte in meine ausgestreckte Hand fünf Groschen und wollte mir rasch weitere drei Zehnpfennigstücke hinzählen, um erst dann, bei dem letzten Sechser, die aus dem Unterricht der Physik und vom Zahlkellner her bekannte gleichmäßig verzögerte Bewegung eintreten zu lassen. Ich begnügte mich, nach Erhalt der fünfzig Pfennig die Hand zur Faust zu ballen und in die Tasche zu stecken. Der Schaffner wartete eine Sekunde. Als jedoch meine Hand nicht hervorkam, sagte er (mit etwas mürrischem Unterton): »Sie haben noch zu kriegen.« – »Es ist gut.« Aber er war beharrlich: »Sie bekommen noch fünfunddreißig Pfennig.« Ich nickte und winkte ab. Da trat er einen Schritt zurück, straffte seinen Körper in Achtungsstellung, legte die linke Hand an seine Hosennaht und die rechte an seine Mütze. Dann rief er mit lauter Stimme (als ob er mindestens die Haltestelle Potsdamer Platz auszurufen hätte): »Danke sehr!« Die Mitfahrenden wurden auf mich aufmerksam. Ich aber machte, ohne eine Miene zu

Autobus-Schaffner (1928)

verziehen, ein unsagbar dummes Gesicht, um nicht zu verraten, daß mich diese Ovation berühre. Von diesem Moment an war für den Schaffner nur ich auf der Welt. Nie ging er an mir vorbei, ohne in seinen Blicken Devotion, Dankbarkeit und Demut auszudrücken, und als ich mir eine Zigarette anstecken wollte, rannte er aus dem Wageninnern heraus, um mir Feuer zu geben. Am Belle-Alliance-Platz half er mir aus dem Wagen wie einem Krüppel.

3. Ob ich im E-Wagen der ABOAG[10] eine so auszeichnende Behandlung erfahren würde, wußte ich nicht, zu viele Kavaliere fahren kurfürstendamm-

wärts. Daher entschloß ich mich, die Versuchssumme zu erhöhen. Unter den Linden, Ecke Friedrichstraße, stieg ich ein. Im Fond des Autobusses nahm ich Platz, *dos à dos* mit dem Chauffeur. Neben mir saß ein hübsches Mädchen mit Pagenfrisur und ebensolchen Beinen. Bei der Kurve am Brandenburger Tor stieß ich sie ein wenig an und entschuldigte mich. »Bitte«, sagte sie sehr nett, »nichts geschehen.« Anknüpfungsmöglichkeit war also gegeben. Im selben Augenblick kam der Schaffner, ich gab ihm einen Einmarkschein und ließ mir – trotzdem er mich laut darauf aufmerksam machte, daß es ja eine Mark gewesen – nichts zurückgeben. Was geschah? Er dankte zwar, allein mit einem sarkastischen, verständnisinnigen Lächeln, das auch das Mädel an meiner Seite streifte, als ob sein Dank mehr diesem als mir gelte. Die Leute gegenüber lächelten gleichfalls maliziös, und nur meine Nachbarin blickte halb unwillig, halb verächtlich vor sich hin. In allen war derselbe Gedanke: Der Esel glaubt der Dame zu imponieren, wenn er achtzig Pfennig Trinkgeld gibt. Und die Kleine dachte noch dazu: Wenn man nicht anders imponieren kann! Und außerdem freute sie sich im voraus darauf, daß sie abends ihrem Gustav von dem dummen Kerl erzählen wird, der auf sie Eindruck zu machen glaubte, indem er im Autobus achtzig Pfennig Trinkgeld gab. Und der Gustav wird sie noch heißer lieben, weil er sieht, zu welchen Mitteln die Herren greifen, um sie zu gewinnen. Mich wird er verachten und sich vor seinen Kameraden brüsten. Die werden den Spaß weiterverbreiten, und morgen kann ich nicht mehr auf die Straße gehen, denn sonst zeigt jemand mit den Fingern auf mich und ruft: »Das ist der Fatzke aus dem ABOAG.« Fürwahr, ich habe mich um achtzig Pfennig unsterblich lächerlich gemacht! Eigentlich für fünfundachtzig Pfennig – denn ich schämte mich so, daß ich sofort ausstieg. Hinter meinem Rücken, das fühlte ich, verstärkte sich das Lächeln zu einem Lachen.

4. Um halb sieben Uhr früh fuhr ich aus der Seestraße im Norden, aus der Gegend, wo die Arbeiterhäuser stehen, der Friedrichstadt zu. Greise, Männer, Burschen in blauen Blusen, nur durch mehrfach um den Hals geschlungene Flanellschals vor der Kälte geschützt, Frauen und Mädchen mit Kopftüchern saßen mit mir in der Tram. Die Gesichter waren verschlafen, Unwille lag auf ihnen, der Unwille, aus dem wenigstens animalisch erwärmten Bett in den Frost der Straße, aus der Ruhe in harte Fron zu müssen. Der Wagen war vollgepfercht, alle Fahrgäste kannten einander, sie waren aus derselben Straße, manche vielleicht aus demselben Haus, und allmorgens fahren sie gemeinsam in die Fabriken. Die Blicke, die mich streifen, gelten einem Fremden, der hier nichts zu suchen hat, einem Eindringling. Und nun kommt die Szene mit meinem Fünfzigpfennigstück, von allen beachtet: Der Schaffner, der vielleicht auf dieser Strecke zu dieser Stunde noch nie einen Pfennig Trinkgeld erhalten hat, dankt mir vernehmlich, und ich zweifle nicht daran, daß er mich mit seinem Leben verteidigen würde, wollte man mich als mehrfachen Raubmörder festnehmen. Aber die Menschen im Wagen flüstern und tuscheln mit Seitenblicken auf mich, vielleicht fassen sie mein Experiment als Verhöhnung auf, vielleicht beneiden sie mich, weil sie glauben, daß ich, nicht ganz bei Besinnung, nach einer tollen Nacht eben heimkehre, während sie in die Werkstätte fahren, vielleicht hassen sie mich als einen Reichen, dem das Geld nichts bedeutet, während sie es mühsam erwerben müssen. Und mein Scherz kommt mir hier selber besonders deplaciert und töricht vor.

(1925)

Das Passagepanopticum in der Friedrichstraße

Geheimkabinett des Anatomischen Museums

Das Schönste von Berlin ist die Linden-Passage.
Das Schönste von der Linden-Passage
ist das Passagepanopticum.
Das Schönste vom Passagepanopticum
ist das Anatomische Museum.
Das Schönste vom Anatomischen Museum
ist das Extrakabinett.
Das Schönste vom Extrakabinett ist – pst!

Zur Führung des Beweises für die Richtigkeit oben angeschlagener viereinhalb Thesen sei vorerst die Tatsache hingeschrieben, daß es nirgends in Berlin solchen Mangel an Hast gibt wie in der Passage, solche Losgelöstheit vom Materialistischen wie in der subkutanen Verbindung zwischen der utilitaristischen Friedrichstraße und den repräsentativen Linden. Die Straße mag dem Verkehr dienen, die Passage gewiß nicht. (Wenigstens nicht dem Verkehr im allgemeinen.) Hier ist noch geradezu ein Abendkorso. Hier lustwandelt, ja lustwandelt man zwischen Jahrmarktsromantik und warmer Liebe; die Bücherläden stellen keine Lehrbücher zum Verständnis des Kurszettels und keine Wälzer über die Kriegsursachen aus; sondern »Das Liebesleben des Urnings«, »Als ich Männerkleider trug«, »Die Renaissance des Eros Uranos«, »Die Grausamkeit mit besonderer Bezugnahme auf sexuelle Faktoren«, »Das Recht des dritten Geschlechts«, »Gynäkomastie, Feminismus und Hermaphroditismus«; das Schaufenster der Bilderhandlung ist frei von Liebermann, Pechstein oder Brangwyn-Graphik, aber auch von Linoleumschnitten frei, wir sehen badende Knaben auf den Felsen der Blauen Grotte und ein blondes unschuldvolles Mädchen, bloß mit Gretchenfrisur bekleidet; auch ein Panorama ist da

– die fossile Zwischenstufe zwischen Daguerreotypie und Kintopp – mit allwöchentlich wechselndem Programm, ein chiromantischer Automat ruft mit großer Aufschrift, Konfitürengeschäfte, Spezialgummiwaren, Botenjungengesellschaft, zwei Schnellphotographen, Automatenbüfett, eine Duftei halten ihre Ladentür lange offen.

Das Passagepanopticum ist das einzige, das uns seit Castans Ende[11] noch geblieben ist. Mit herrlichen Genregruppen aus Wachs, »Das Duell«, »Ein verliebter Schornsteinfeger«, »Heimgezahlt«, »Ein verpatzter Hochzeitsfrack«, »Aller Anfang ist schwer« (besonders beim Parademarsch! Hochaktuell!!), »Barbarossa im Kyffhäuser«, »Am Tor des Findelhauses«, »Berlin bei Nacht oder Der Jüngling im Séparée«, der Fürstensaal und die Akademie der Berühmtheiten, Märchensaal und humoristischer Vexierspiegel, sehr humoristisch, und die berühmte »Verbrechergeschichte von der Tat zum Schafott in acht Bildergruppen«, wovon besonders Nummer hundertfünf (Einbruch in die Totenkammer und Leichenraub) ziemlich bezaubernd ist.

Dabei ist all das – was mit Nachdruck bemerkt sei – keineswegs belehrend, sondern eher – was mit Lob bemerkt sei – irreführend, ebenso wie man die Darbietungen der Automaten im Vestibül, »Geheimnisse des Schlafzimmers«, »Das Astloch im Zaun des Damenbades«, »Heirat auf Probe«, nicht etwa für aufschlußreich halten darf. Junge Freunde, die ihr vor den Gucklöchern mit gezücktem Fünfzigpfennigstück Polonäse steht, glaubt mir erfahrenem Greise, es ist unwahr, daß in einem Schlafzimmer fünf miese und (zum Glück) sehr bekleidete Weiber der achtziger Jahre in den Posen eines Cancans zu erstarren pflegen! Der Automat »Die Brautnacht« funktioniert übrigens nicht, trotzdem nichts anzeigt, daß er außer Betrieb ist, seid also gewarnt, Mädchen!

Kommt, vertieft euch vielmehr in die Betrachtung der zwar arg verblaßten, aber dafür wirklichen, wahren und naturgetreuen Photographien oben an der rechten Wand: Dort hängt unter Glas und Rahmen die Porträtgalerie jener Berühmtheiten, zu denen vielleicht unsere Eltern pilgerten und sicherlich am Sonntag deren Dienstmädchen, die Ruhmeshalle jener Abnormitäten, die mit großen Plakaten und lauten Ausrufern durch die Welt zogen, um sich bestaunen zu lassen. Nichts ist von ihnen mehr erhalten als höchstens ein Präparat in irgendeiner pathologisch-anatomischen Klinik – und diese vergilbte Walhall im Vestibül des Passagepanopticums. Grüßet sie ehrerbietig! Lionel, der Löwenmensch, der Liebling der Frauen und Jungfrauen – so siehst du aus! –, ist da, Hunyady János, der Mann mit dem Vogelkopf, ist auch da, das Riesenkind Elisabeth Liska aus Rußland, elf Jahre alt, zwei Meter zehn hoch, die hinten zusammengewachsenen Schwestern Božena und Milada Blažek, Miß Crassé, das Tigermädchen, die riesige Tiroler Mariedl beim Melken ihrer Lieblingskuh, Riesenbackfisch Dora, La belle Annita, die tätowierte Schönheit, Prinzessin Kolibri, die kleinste Dame der Welt, Pirjakoff, der größte Mensch, der je gelebt hat, Machnow, der größte Mensch, der je gelebt hat, Hassan Ben Ali, der größte Mensch, der je gelebt hat, Mr. Masso, der Kettensprenger, Haarathlet Simson, Hungerkünstler Papus und Hungerkünstler Succi, Mr. Tabor, der Muskelmensch mit dem dreifach gedrehten Arm, die behaarte Miß Pastrana, der lange Josef, der größte Soldat der preußischen Armee, mit Toni Marti, dem schwersten Knaben der Welt, die Schwestern Willfried, die stärksten Kinder der Welt, anderthalb und zweieinviertel Jahre alt, November 1902. Ach, niemand besieht das Pantheon dieser Größen von einst, deren Leben es war, umherzufahren in der Welt, sich schauzustellen vor einem Zehnpfennigpublikum im matten Vormittagslicht eines Kirchweihzeltes oder eines Gasthauszimmers oder im allzu grellen Schein der abendlichen Zirkusmanege.

Ausgebeutet wiesen sie auf ihren monströsen Geburtsfehler und erklärten ihn mit papierenem, eingelerntem Text. Oder waren sie stolz auf ihn? Wir wissen nichts mehr von ihnen, als daß sie auch im Passagepanopticum zu Berlin gastierten. Hier blieb ihr Bild bestehen, doch verblaßt es von Jahr zu Jahr.

Viel besichtigter ist drüben, am anderen Ufer der Passage im Halbstock, das Anatomische Museum. Auch hier locken schon unten Puppen die Pupen und die Nutten an und jene, die es werden werden. Ein wächserner Virchow, vor einem Totenschädel dozierend, ist stummer Ausrufer, im Vereine mit einem Mädchen, das auch die inneren Geheimnisse preisgibt, weil sogar die Bauchhöhle aufgedeckt ist; eine Reklametafel zeigt die Wirkungen des Miedertragens und ruft: »Erkenne dich selbst – so schützest du dich.« Es kostet zwölf Mark fünfzig, sich selbst zu erkennen, wovon zwei Papiermark auf die Vergnügungssteuer entfallen; das Extrakabinett, »nur für Erwachsene«, erfordert kein Sonderentree. Ein Vorhang teilt dieses Allerheiligste der Passage vom profanen Teil des Anatomischen Museums und ist Besuchern unter achtzehn Jahren nicht zugänglich. Eine Tafel, von Viertelstunde zu Viertelstunde umgedreht kündet: »Jetzt nur für Damen«, beziehungsweise: »Jetzt nur für Herren«. Das eben ausgesperrte Geschlecht hat inzwischen in den ungeheimen Räumen umherzulungern, sich die plastischen Darstellungen des Verdauungsprozesses, der Hämorrhoiden, der Cholerawirkungen, einer Zungenkrebsoperation, der Verheerungen des Branntweins in den Eingeweiden und dergleichen anzusehen und im Automaten die Gebärmutteroperation. Dann aber, dann dürfen die erwachsenen Herren beziehungsweise die erwachsenen Damen – achtzehn Jahre ist man hier gewöhnlich mit vierzehn Jahren – in das Sanktuarium eintreten, wo die Chromoplastiken in natürlicher Größe all das zeigen, was man im Konversationslexikon nur schwer zu begreifen vermochte und worüber das Leben bloß fallweise aufklärt.

Es ist alles echt oder lebenswahr, leibhaftige Fötusse, die Entwicklung des Menschen von der Befruchtung bis zur Normal-, Steiß- oder Zangengeburt, Perforation oder Kaiserschnitt; Organe und so weiter – alles bis aufs Haar genau und im Katalog noch genauer erklärt. Mit Recht ist in der Rubrik »Weibliche Geschlechtskrankheiten« als erstes Schauobjekt das Hymen oder Jungfrauenhäutchen angeführt, denn von allen besagten Krankheiten ist diese am raschesten heilbar. Sie ist selten, und man bestaunt das Objekt sehr. Allzulange aber nicht, denn nur ein Viertelstündchen darfst du weilen, draußen scharrt schon das andere Geschlecht.

Die Linden-Passage hat ihr unverrückbares Stammpublikum, keine Straße besitzt so viele Freunde und so geschlossenen Verehrerkreis. Und von denen, die der Passage Freunde sind, lieben einige das Panopticum heiß und treu; unter diesen sind Fanatiker des Anatomischen Museums und von diesen wiederum manche unbedingte Hörige der Geheimkammer, gebannt von irgendeiner Vitrine. Die ist demnach das Liebste der Auserlesenen – das Schönste also von Berlin.

Was nämlich zu beweisen war.

(1925)

Elliptische Tretmühle

Zum zehnten Male, Jubiläum also, wütet im Sportpalast in der Potsdamer Straße das Sechstagerennen. Dreizehn Radrennfahrer, jeder zu einem Paar gehörend, begannen am Freitag um neun Uhr abends die Pedale zu treten, siebentausend Menschen nahmen ihre teuer bezahlten Plätze ein, und seither tobt Tag und Nacht, Nacht und Tag das wahnwitzige Karussell. An die siebenhundert Kilometer legen die Fahrer binnen vierundzwanzig Stunden zurück, man hofft, sie werden den Weltrekord drücken, jenen historischen Weltrekord, als in sechs nächtelosen Tagen von 1914 zu Berlin die Kleinigkeit von 4.260,960 Kilometern zurückgelegt wurde, worauf der Weltkrieg ausbrach.

Sechs Tage und sechs Nächte lang schauen die dreizehn Fahrer nicht nach rechts und nicht nach links, sondern nur nach vorn, sie streben vorwärts, aber sie sind immer auf dem gleichen Fleck, immer in dem Oval der Rennbahn, auf den Längsseiten oder auf den fast senkrecht aufsteigenden Kurven, unheimlich übereinander, manchmal an der Spitze des Schwarmes, manchmal an der Queue und manchmal – und dann brüllt das Publikum: »Hipp, hipp!« – um einige Meter weiter; wenn aber einer eine Runde oder zwei vorausnat, ist er wieder dort, wo er war, er klebt wieder in dem Schwarm der dreizehn. So bleiben alle auf demselben Platz, während sie vorwärts hasten, während sie in rasanter Geschwindigkeit Strecken zurücklegen, die ebenso lang sind wie die Diagonalen Europas, wie von Konstantinopel nach London und von Madrid nach Moskau. Aber sie kriegen keinen Bosporus zu sehen und keinen Lloyd George, keinen Escorial und keinen Lenin, nichts von einem Harem und nichts von einer Lady, die auf der Rotten Row im Hyde Park reitet, und keine Carmen, die einen Don José verführt, und keine Sozialistin mit kurzem schwarzem Haar und Marxens »Lehre vom Mehrwert« im Paletot. Sie

Start zum Sechstagerennen (1932)

bleiben auf derselben Stelle, im selben Rund, bei denselben Menschen – ein todernstes, mörderisches Ringelspiel. Und wenn es zu Ende, die hundertvierundvierzigste Stunde abgeläutet ist, dann hat der erste, der, dem *Delirium tremens* nahe, lallend vom Rade sinkt, den Sieg erfochten, ein Beispiel der Ertüchtigung.

Sechs Tage und sechs Nächte drücken dreizehn Paar Beine auf die Pedale, das rechte Bein auf das rechte Pedal, das linke Bein auf das linke Pedal, sind dreizehn Rücken abwärts gebogen, während der Kopf ununterbrochen nickt, einmal nach rechts, einmal nach links, je nachdem, welcher Fuß gerade tritt, und dreizehn Paar Hände tun nichts als die Lenkstange halten; manchmal holt ein Fahrer unter dem Sitz eine Flasche Limonade hervor und führt sie an den Mund, ohne mit dem Treten aufzuhören, rechts, links, rechts, links. Ihre dreizehn Partner

Ein Teilnehmer des Sechstagerennens empfängt seine Post direkt an der Rennstrecke (1926)

liegen inzwischen erschöpft in unterirdischen Boxen und werden massiert. Sechs Tage und sechs Nächte. Draußen schleppen Austrägerinnen die Morgenblätter aus der Expedition, fahren die ersten Waggons der Straßenbahnen aus der Remise, Arbeiter gehen in die Fabriken, ein Ehemann gibt der jungen Frau den Morgenkuß, ein Polizist löst den anderen an der Straßenecke ab, ins Café kommen Gäste, jemand überlegt, ob er heute die grau-schwarz gestreifte Krawatte umbinden soll oder die braun gestrickte, der Dollar steigt, ein Verbrecher entschließt sich endlich zum Geständnis, eine Mutter prügelt ihren Knaben, Schreibmaschinen klappern, Fabriksirenen tuten die Mittagspause, im Deutschen Theater wird ein Stück von Georg Kaiser gegeben, das beim Sechstagerennen spielt, der Kellner bringt das Beefsteak nicht, ein Chef entläßt einen Angestellten, der vier Kinder hat, vor der Kinokasse drängen sich hundert Menschen, ein Lebegreis verführt ein Mädchen, eine Dame läßt sich das Haar färben, ein Schuljunge macht seine Rechenaufgaben, im Reichstag gibt es

Sturmszenen, in den Sälen der Philharmonie ein indisches Fest, in den Häusern sitzen Leute auf dem Klosett und lesen die Zeitung, jemand träumt, bloß mit Hemd und Unterhose bekleidet in einen Ballsaal geraten zu sein, ein Gymnasiast kann nicht schlafen, denn er wird morgen den pythagoräischen Lehrsatz nicht beweisen können, ein Arzt amputiert ein Bein, Menschen werden geboren und Menschen sterben, eine Knospe erblüht und eine Blüte verwelkt, ein Stern fällt und ein Fassadenkletterer steigt eine Häuserwand hinauf, die Sonne leuchtet und Rekruten lernen schießen, es donnert und Bankdirektoren amtieren, im Zoologischen Garten werden Raubtiere gefüttert und eine Hochzeit findet statt, der Mond strahlt und die Botschafterkonferenz faßt Beschlüsse, ein Mühlenrad klappert und Unschuldige sitzen im Kerker, der Mensch ist gut und der Mensch ist schlecht – während die dreizehn, ihren Hintern auf ein sphärisches Dreieck aus Leder gepreßt, unausgesetzt rundherum fahren, unaufhörlich rundherum, immerfort mit kahlgeschorenem Kopf und behaarten Beinen nicken, rechts, links, rechts, links.

Gleichmäßig dreht sich die Erde, um von der Sonne Licht zu empfangen, gleichmäßig dreht sich der Mond, um der Erde Nachtlicht zu sein, gleichmäßig drehen sich die Räder, um Werte zu schaffen – nur der Mensch dreht sich sinnlos und unregelmäßig beschleunigt in seiner willkürlichen, vollkommen willkürlichen Ekliptik um nichts, sechs Tage und sechs Nächte lang. Der Autor von Sonne, Erde, Mond und Mensch schaut aus seinem himmlischen Atelier herab auf das Glanzstück seines Œuvres, auf sein beabsichtigtes Selbstporträt, und stellt fest, daß der Mensch – so lange, wie die Herstellung des Weltalls dauerte – einhertritt auf der eignen Spur, rechts, links, rechts, links – Gott denkt, aber der Mensch lenkt, lenkt unaufhörlich im gleichen Rund, wurmwärts geneigt das Rückgrat und den Kopf, um so wütender angestrengt, je schwächer seine Kräfte werden, und am wütendsten am Geburtstage, dem sechsten der Schöpfung, da des Amokfahrers Organismus zu Ende ist und, hipp-hipp!, der Endspurt beginnt. Das hat Poe nicht auszudenken vermocht: daß am Rand seines fürchterlichen Mahlstroms eine angenehm erregte Zuschauermenge steht, die die vernichtende Rotation mit Rufen anfeuert, mit hipp-hipp! Hier geschieht es, und hier erzeugen sich zweimal dreizehn Opfer den Mahlstrom selbst, auf dem sie in den Orkus fahren.

Ein Inquisitor, der solche Tortur, etwa »Elliptische Tretmühle« benamst, ausgeheckt hätte, wäre im finstersten Mittelalter selbst aufs Rad geflochten worden – ach, auf welch ein altfränkisches, idyllisches Einrad! Aber im zwanzigsten Jahrhundert muß es Sechstagerennen geben. *Muß!* Denn das Volk verlangt es. Die Rennbahn mit den dreizehn strampelnden Trikots ist Manometerskala einer Menschheit, die mit Wünschen nach äußerlichen Sensationen geheizt ist, mit dem ekstatischen Willen zum Protest gegen Zweckhaftigkeit und Mechanisierung. Und dieser Protest erhebt sich mit der gleichen fanatischen Sinnlosigkeit wie der Erwerbsbetrieb, gegen den er gerichtet ist. Preise werden gestiftet, zum Beispiel zehn Dollar für die ersten in den nächsten zehn Runden. Ein heiserer Mann mit dem Megaphon ruft es aus, sich mit unfreiwillig komischen, steifen Bewegungen nach allen Seiten drehend, und nennt den Namen des Mäzens, der fast immer ein Operettenkomponist, ein Likörstubenbesitzer oder ein Filmfabrikant ist oder jemand, auf dessen Ergreifung eine Prämie ausgesetzt werden sollte. Ein Pistolenschuß knallt, es beginnt der Kampf im Kampfe, hipp-hipp!, die dreizehn sichtbar pochenden Herzen pochen noch sichtbarer, Beine treten noch schneller, rechts, links, rechts, links, Gebrüll des Publikums wird hypertrophisch, hipp-hipp!, man glaubt in einem Pavillon für Tobsüchtige zu sein, ja beinahe in einem Parlament, der geschlossene Schwarm der Fahrer zerreißt. Ist es ein Unfall, wenn der Holländer Vermeer in der zweiten Nacht in steiler Parabel vom Rad saust, mitten ins Publikum? Nein: Out. Ändert es etwas, daß Tietz liegenbleibt? Nein, es ändert nichts, wenn die Roulettkugel aus dem Spiel schnellt. Man nimmt eine andere. Wenn einer den Rekord bricht, so wirst du Beifall brüllen, wenn einer den Hals bricht – was geht's dich an? Hm, ein Zwischenfall. Oskar Tietz war Outsider vom Start an. Das Rennen dauert fort. Die lebenden Roulettbälle rollen. »Hipp, Huschke! Los, Adolf!« – »Gib ihm Saures!« – »Schiebung!!«

Von morgens bis mitternachts ist das Haus voll, und von mitternachts bis morgens ist der Betrieb noch toller. Eine Brücke überwölbt hoch die Rennbahn und führt in den Innenraum; die Brückenmaut beträgt zweihundert Mark pro Person. Im Innenraum sind zwei Bars mit Jazzbands, ein Glas Champagner kostet dreitausend Papiermark, eine Flasche zwanzigtausend Papiermark. Nackte Damen in Abendtoilette sitzen da, Verbrecher im Berufsanzug (Frack und Ballschuhe), Chauffeure, Neger, Ausländer, Offiziere und Juden. Man stiftet Preise. Wenn der Spurt vorbei ist, verwendet man die Aufmerksamkeit nicht mehr auf die Kurve, sondern auf die Nachbarin, die auch eine bildet. Sie lehnt sich in schöner Pose an die Barriere, die Kavaliere schauen ins Dekolleté, rechts, links, rechts, links. Das Sechstagerennen des Nachtlebens ist es. Im Parkett und auf den Tribünen drängt sich das werktätige Volk von Berlin, Deutschvölkische, Sozialdemokraten, rechts, links, rechts, links, alle Plätze des Sportpalastes sind seit vierzehn Tagen ausverkauft, Logen und Galerien lückenlos besetzt, rechts, links, rechts, links, Bezirke im Norden und Süden müssen entvölkert sein, Häuser leer stehen, oben und unten, rechts und links.

Und mehr als die Hälfte der Plätze sind von Besessenen besessen, die – die Statistik stellt es triumphierend fest – vom Start bis zum Finish der Fahrer in der hundertvierundvierzigsten Stunde ausharren. In Berliner Sportkreisen ist es bekannt, daß sogar die unglücklichen Ehen durch die Institution der Six Days gemildert sind. Der Pantoffelheld kann sechs Tage und sechs Nächte von daheim fortbleiben, unkontrolliert und ohne eine Gardinenpredigt fürchten zu müssen. Selbst der eifersüchtigste Gatte läßt seine Frau ein halbes Dutzend Tage und Nächte unbeargwöhnt und unbewacht; sie kann gehen, wohin sie will, rechts, links, rechts, links, ruhig bei ihrem Freunde essen, trinken und schlafen, denn der Gatte ist mit Leib und Seele beim Sechstagerennen. Von dort rühren sich die Zuschauer nicht weg, ob sie nun Urlaub vom Chef erhalten oder sich im Geschäft krank gemeldet, ob sie ihren Laden zugesperrt oder die Abwicklung der Geschäfte den Angestellten überlassen haben, ob sie es versäumen, die Kunden zu besuchen, ob sie streiken oder ohnedies arbeitslos sind. Es gehört zur Ausnahme, daß ihr Vergnügen vorzeitig unterbrochen wird, wie zum Beispiel das des sportfreudigen Herrn Wilhelm Hahnke, aus dem Hause Nr. 139 der Schönhauser Straße. Am dritten Renntage verkündete nämlich der Sprecher durch das Megaphon, rechts, links, rechts, links, den siebentausend Zuschauern: »Herr Wilhelm Hahnke, Schönhauser Straße 139, soll nach Hause kommen, seine Frau ist gestorben!«

(1925)

Dies ist das Haus der Opfer

In Paris reißt man die Morgue nieder; schon seit langem hatte das ebenerdige Haus auf der Cité-Insel aufgehört, ein Rendezvousplatz neugieriger und sensationslüsterner Passanten zu sein, das Tor war gesperrt, und wer in den letzten Jahren hineinwollte, mußte klingeln und sich dem Portier mit seinen Befürchtungen legitimieren: Man fragte zitternd, ob nicht seit gestern ein Kind in rotem Kattunkleidchen hier abgeliefert worden war, ob nicht in der letzten Woche eine brünette siebzehnjährige Frau in schwangerem Zustande hier Unterkunft gefunden habe oder ein Greis mit Krücken. Verneinte der Portier, so konnte der Frager von dannen gehen, bis zum nächsten Tage von einem Hoffnungsschimmer erhellt. Die großen Tage der Pariser Morgue waren vorbei, die Katastrophen der unbekannten Toten. Die Leichen vom Tage des Bastillensturmes sind längst agnosziert, die nachfolgenden der großen und der zwei kleinen Revolutionen sind vergessen, in den Labyrinthen der Katakomben vermodert, und seit dem Mai 1871 hat die Pariser Morgue fast nur Einzelgäste beherbergt, so wenige, daß es sich nicht mehr lohnte, sie zu einem Ausstellungsobjekt für Gaffer zu machen. Daher fällt das Totenhaus von Paris dem Tode anheim. Aber in Berlin in der Hannoverschen Straße ist fast täglich die Tafel hochgezogen: »Leichenschauhaus geöffnet.« Der Kampf ums Dasein ist in Berlin unvergleichlich mörderischer, hier ist auch Erwerbs- und Liebesleben noch immer von militaristischer Mentalität ergriffen, und um alle Todesopfer ohne Schauhaus sicherzustellen, müßte man jedem Bewohner eine Legitimationskapsel an die Tasche nähen lassen, wie den Soldaten der Marschkompanien.

Während das Pariser Leichenschauhaus eine Vergangenheit hat, hat die Berliner Morgue eine Gegenwart.

In den Umsturztagen von 1918 waren Hekatomben von Erschossenen hier aufgestapelt, zur Zeit der Spartakistenaufstände im März 1919 brachte jeder Tag einen Zuwachs von hundertfünfzig bis zweihundert Leichen, hierher schafften einige Soldaten einen »unbekannten Mann, auf dem Wege zur Rettungsstation gestorben«, als ob sie nicht gewußt hätten, daß dieser »Unbekannte« Karl Liebknecht heiße, der einzige Abgeordnete Deutschlands, der gegen den Krieg gekämpft hatte, der einzige, der allen Menschen Deutschlands und des Auslands bekannt war. Hierher wurde einige Wochen später eine »unbekannte Frauensperson« geschleppt, aus dem Landwehrkanal aufgefischt: Man stellte fest, daß der Leichnam hundertzehn Kolbenhiebe und etwa dreißig Tritte von genagelten Schuhsohlen aufweise und daß die Tote Rosa Luxemburg heiße.

Hierher brachte man 1922 den Soldaten der französischen Kontrollkommission, der in der Friedrichstraße erstochen worden war, wofür Deutschland eine Million Goldmark Sühne zahlen mußte; in der kreuzgeschmückten Totenkapelle des Leichenschauhauses, von wo nur die Verlassensten der Verlassenen zu ihrer Beerdigung gefahren werden, sprach der Rabbiner den Totensegen, und Ententegenerale umstanden in Gala den Sarg. Auch der Generalgouverneur Armeniens, Cemal Azmi Bey und sein Freund, Professor Bahaddin Şakir, die in der Uhlandstraße von persischen Fanatikern erschossen worden waren, und der Redakteur Nabokow, den im Saal der Philharmonie die gegen Miljukow gerichtete Kugel traf, der ehemalige Großwesir Talât Pascha, der von Feinden der Jungtürken im Berliner Westen den Todesstoß empfing, und der indische Autonomist und Englandfeind Sahir Ahib fanden im selben Jahr hier ihre vorletzte Ruhestätte.

Das waren politische Affären, die Aufsehen hervorriefen, und die Namen ihrer Opfer waren in aller Munde. Jedoch die Opfer des rasanten Berliner Erwerbstempos bleiben zumeist auch unbekannt, wenn man ihre Namen festgestellt hat: Am Tage, da der Telegrafendraht ausführlich über die Leichenfeier Rathenaus berichtete, meldete er im Ausmaß eines Telegrammblanketts, daß fünfunddreißig Menschen tot ins Leichenschauhaus gebracht wurden; sie hatten sich auf die Trittbretter eines Stadtbahnzuges stellen müssen (weil der schon überfüllt war und der nächste erst nach fünf Minuten ging) und waren in der Schönhauser Allee durch einen entgegenkommenden Zug hinuntergefegt und überfahren worden. Das Haus von Rudolf Mosse[12] stürzte ein, und vor den Auslagskästen im Leichenschauhaus stauten sich Frauen und Kinder, um in den ausgestellten Resten von dreizehn Menschen ihre Gatten und Väter zu erkennen.

In den unterirdischen Kammern, die nicht für die Besichtigung frei sind, da hier nur die Leichen aufbewahrt werden, deren Namen man kennt, deren Todesursache aber (nach Paragraph 157 der deutschen Strafprozeßordnung) im anstoßenden Obduktionssaal oder im Institut für Forensische Medizin festgestellt werden muß, ist kein Plätzchen leer. Drei übereinander angebrachte Bretter hat jede dieser Kabinen, und auf jedem liegt ein toter Mensch: Ein Mädchen mit rotem Bubikopf, Frauen, die sich mit Leuchtgas oder mit Kohlengas umbrachten, Männer mit Revolverschüssen in der Herzgrube oder mit zerschmetterten Gliedmaßen – Sprung aus dem Fenster. Einen hohen Prozentsatz stellen Frauen, die keinen Selbstmord begehen wollten und ihn doch begingen (oder begehen mußten), indem sie eine unbefugte Operation an sich vornehmen ließen. Kleine Kinder sind immer da, Neugeborene, sechs Wochen und ein Jahr alte, manche wie Puppen im Spielwarenladen daliegend, manche wie wächserne

Weihnachtsengelchen, doch muß sich erst erweisen, ob nicht Mißhandlung oder Kindesmord sie so frühzeitig zu Engeln gemacht hat.

Hinter den Schaufenstern der Publikumshalle liegen auf schrägen Brettern mit ihren Kleidern bedeckt die Namenlosen. Wasserleichen, violett und furchtbar aufgeschwemmt, mit Zetteln, »am Schleusenufer geborgen«, »am Kottbusser Ufer geborgen«, »im Nordhafen aus dem Wasser gezogen«, »aufgefischt beim Bahnhof Jungfernheide, Charlottenburg ...«. Und die Erhängten aus dem Tiergarten.

Sind Tote hier in den Schaukästen, dann fehlt es ihnen auch an lebenden Besuchern nicht. Die Tafel »Leichenschauhaus geöffnet« ist eine Einladung. Kutscher steigen ab, ihr Gefährt auf der Straße stehenlassend, Schulkinder versuchen einzudringen, aus den Geschäften und Häusern holt der Nachbar den Nachbarn zur unentgeltlichen Schaustellung; Habitués und Passanten treiben sich in der Halle umher, die in ihrer langgestreckten Form, mit dem Glasdach und der metallenen Geländerstange wie der Raubtierpavillon des Zoologischen Gartens aussieht; die Lebenden apostrophieren die Toten in den gläsernen Käfigen mit berlinisch-zynischen Bemerkungen: »Mensch, du hast dir janz dufte ausjebadet!« –»Nu werde ick sechs Wochen lang keen Wasser trinken könn'!« – »Kiek mal *den* an: der sieht ja wie 'n Gorilla aus!« oder: »Die lacht ja – also scheint's drüben janz schön zu sein.« – Die rohesten Witzreißer sind die sentimentalsten. Daß wirklich durch das Ausstellen jemand festgestellt wird, kommt selten genug vor. (Lag doch die Leiche eines im Hamburger Yoshiwara[13] in der Schwiegerstraße verstorbenen Greises einen ganzen Tag lang öffentlich im dortigen Schauhaus, ehe man sicherstellen konnte, daß es der König von Dänemark sei.) Nach drei Wochen dieses Verkehres der unbekannten Toten mit den Lebenden holt man die Leichen aus ihren Glashäusern, wo ein Ventilatoren- und Röhrensystem sie mit eisiger ammoniakkomprimierter Luft frisch erhalten hat, sperrt sie in einen magistratlich beigestellten Sarg, genannt »Nasenquetscher«, und begräbt sie. Aber nicht, bevor man sorgfältig Photographie, Personenbeschreibung, Todesart, Monogramme der Wäsche, Proben von Hemd-, Hosen-, Rock-, Mantel- und Hutstoff, Knöpfe und Tascheninhalt in die umfangreichen Regale des Kommissariats zur Sicherstellung von Leichen eingereiht hat – noch am Grabe pflanzt man die Hoffnung auf.

(1925)

Böhmisches Dorf in Berlin

Die weißen Porzellanbuchstaben auf der Fensterscheibe des Gasthauses sagen: »Inhaber Willibald Spazier«. Spazier ist ein Name, der eigentümlich klingt, selbst hier, wo auf Straßentafeln und Häuserschildern meist Namen stehen, die nichts weniger als berlinisch klingen. »Paloucek« heißt der Platz am Ende der Kirchstraße, in der die bethlehemitische Kapelle der Böhmischen Brüdergemeinde steht, durch die Jansastraße geht man, durch die Bartastraße, Liberda-, Benda-, Niemetz- oder die Wanzlikstraße, durch den Stadtbezirk 11, Neukölln, der den Kelch im Wappen führt und dessen Ämter derzeit folgendermaßen verteilt sind: »Vorsteher: Rentier Schlossareck, Schudomastraße 51; Schiedsmann: Kaufmann Albert Maresch; Waisenrat: Landwirt Albert Motil; Postamt Nr. 5, Ecke Johannes-Hus-Straße und Böhmische Straße.« Ist das Berlin? Ungepflastert ist die Kirchstraße und führt, ein beinahe deplaciertes Idyll, zwischen Scheunenfronten und Gartenzäunen, hinter denen ebenerdige Dorfhäuser typisch böhmischen Charakters Bauern sudetischer Herkunft gehören, dem Duschek und dem Christek und dem Radnick und dem Stierschick und dem Schmarar und dem Przygoda und dem Sponar und dem Rossum und dem Zoufal. Aber aus diesem exterritorialen Landschaftsbild tretend, ist man vor einem Denkmal, breitspurig, in brauner Bronze, steht Friedrich Wilhelm I., der Begründer des preußischen Militarismus, auf dem Postament. Ist er hierhergestellt, den ortsansässigen Fremden eindringlich zu sagen, daß man in einer Stadt Preußens ist, trotz dieser Fata Morgana eines böhmischen Dorfes? Nein. Auf der Rückseite ist in Erz gegossen zu lesen, wer dies Monument aufgerichtet hat: »Die dankbaren Nachkommen der hier aufgenommenen Böh-

Rixdorf – Böhmisches Dorf (1931)

men.« Das Seitenrelief stellt eine Gruppe aus dem Zug der Emigranten dar, die, vom unerbittlichen Habsburg verfolgt, die Heimat um des Glaubens willen verließen: Mit beladenem Karren und schwerem Ranzen schleppt sich eine Familie ihres Weges, die Mutter, den Säugling so liebevoll-ängstlich an die Brust gelegt, wie der Greis, dem der Bildner einen Comeniusbart gegeben hat, die Kralitzer Bibel unter den Arm gepreßt – das tschechische Wort des Evangeliums. Die andere Seite des Denkmals zeigt im Relief einige Dächer über spärlichen Buden; darunter die Inschrift »Rixdorf 1747«. Das soll besagen: Ja, ihr nahmt uns auf, da wir elend von Haus und Hof mußten (Relief 1), aber kümmerlich sah die Gegend damals aus, wo wir uns als Kolonisten niederließen (Relief 2), und blickt umher, wie der Ort heute dasteht! Neukölln, das einstige Rixdorf, ist der größte Vorort Berlins, rangiert unter den zwanzig volkreichsten, modernsten Großstädten Deutschlands.

Ein zweites Denkmal ist da, ein ganz neues; im Garten der Brüderkirche, wo noch hussitische Choräle bei festlichem Gottesdienst erklingen, ein Obelisk zum Andenken an Söhne der Brüdergemeinde, die für Deutschland im Kriege gefallen sind, »Paul Maresch, Walter Sponar, Gustav Maresch, Paul Wanzlik …«. Sie starben an der Marne, an der Somme, am Chemin des Dames, vielleicht im Kampf gegen tschechische Legionäre, die Mareš, der Šponář, der Venclík …

Das sind die Namen, denen man überall begegnet zwischen alten deutschen, manchmal ist auf Firmenschildern dem tschechischen Familiennamen die deutsche Übersetzung beigefügt, »Emanuel Lischka, genannt Fuchs« oder »Johann Amos Wesseli, genannt Lustig«. Jener Gasthausbesitzer Willibald Spazier ist eines Auswanderers Enkel, der auf den viel weniger seltenen Namen »Procházka« gehört hat. Die »Feinbäckerei Friedrich Bescheiden« dürfte ein weniger feiner, aber desto biederer Bäkker namens Pokorný begründet haben, und die vielen Noacks hier schreiben sich gewiß von den alten Nováks her. Die Rixdorfer Böhmen sprechen heute nicht mehr tschechisch, doch ist es verwunderlich, wie lange sie in dieser nivellierenden Umwelt um die Wahrung ihres Volkscharakters bemüht waren. Wenn man beim Pfarrer sitzt, in Schriften und Akten blätternd, stößt man auf Belege für dieses Bestreben. Kaum daß die über Gerlachsdorf und Kottbus eingelangten Emigranten hier auf den Feldern der Mark Brandenburg ihr Dach über dem Kopfe hatten, waren sie schon bemüht, ihre eigene Schule zu besitzen, Schulgebäude und Lehrer, und *de dato* 9. März

1750 wird ihnen vom Königlich Preußischen Departement für geistliche Affären der Schulplatz zugewiesen, »bald vorn in Rixdorf, ein Keil Landes, einem Triangel gleich, welcher rechter Hand an das freie Feld, linker Hand an den Hof des Bauern Rittmann anstoßet und 94 Strich breit und 140 Strich lang«. Auch zwanzig Stämme Bauholz werden ihnen zum Schulbau bewilligt. Und nun beginnen nationale Schulkämpfe, die bis ins letzte Viertel des neunzehnten Jahrhunderts dauern. Die Schulgemeinde Deutsch-Rixdorf beschwert sich nämlich mehr als einmal, daß nicht nur deutsche Eltern aus Böhmisch-Rixdorf, sondern auch deutsche Eltern aus Deutsch-Rixdorf ihre Kinder in die böhmische Schule von Böhmisch-Rixdorf schicken, und sie bittet die königliche Regierung, solchem geneigtest einen Riegel vorschieben zu wollen. Die Regierung in Potsdam verfügt jedoch, es bleibe den Eltern der beiden Rixdörfer freigestellt, in welcher Schule der zwei Nachbargemeinden sie ihre Kinder unterrichten lassen wollen.

Die Heimat fanden sie nicht wieder, aber was sie in dem fremden, dem deutschen Lande fanden, war Freiheit ihres Glaubens und Gerechtigkeit. Wenn wir in den Akten von Landeszuweisungen in Rixdorf an böhmische Bauernsöhne lesen, die auf preußischer Seite im Siebenjährigen Kriege gestritten hatten, so können wir in ihnen freiwillige Kämpfer gegen das verhaßte Habsburgergeschlecht sehen, das katholisch zu sein vorgab, indem es fromme Andersgläubige mit fanatischem Haß und beispielloser Unerbittlichkeit verfolgte und marterte. Der Bombardier Johannes Wiskotschill, dem Friedrich II. anno 1750 fünfzig Strich Grund und Boden in Böhmisch-Rixdorf anweist, ist nach dem Kriege, so viele gute Kameraden er im Feldzuge gefunden haben mag, von neuem ein Böhme unter seinesgleichen. Seine Kinder, seine Enkel auch. Sie werden auf dem alten Kirchhof am Kirchenplatz begraben, wo Hunderte alter tschechischer Grabsteine sind. Aber nach 1871 kommt der riesige Aufschwung Berlins, die Baugründe in und bei Berlin steigen ums Tausendfache im Wert, und was die brutalste Persekution in der Heimat nicht vermocht hatte und was die innigste Nachbarschaft in der Fremde nicht vermocht hatte und was die Kriegskameradschaft und die Liebe und die Jahrhunderte nicht vermocht hatten, vollbringt bei vielen die Lockung des Geldes. Mancher Emigrantensproß verkauft sein Haus, mancher stellt die Übersetzung seines Namens zuerst neben diesen, läßt dann den ursprünglichen weg, einige übersiedeln ins elegantere Berlin, ins Tiergartenviertel oder auf den Kurfürstendamm oder werden zu Bayrischen-Viertel-Kavalieren, und mancher geht dort als feiner Herr Spazier spazieren, der einst ein schlichter Procházka war. Und wenn in einer Sektdiele oder einer Nobelbar oder einer Likörstube irgendein Chauvinist um die Morgenstunde bei der Musikkapelle das »Heil dir im Siegerkranz« bestellt und von Revanchekrieg und Vorherrschaft seiner Edelrasse faselt, so muß man diesen Herrn Unbescheiden gut darauf ansehen, ob sich nicht vielleicht noch sein Vater Herr Bescheiden nannte und seine Ahne vor Gott und Menschen Pokorný gewesen ist.

(1926)

Die Polizei und ihre Beute

Vor dem Kriege ließ der Polizeipräsident Jagow, da es galt, eine Demonstration zu verhindern, an den Straßenecken anschlagen: »Die Straße dient dem Verkehr.« Eine Demonstration, wollte er damit sagen, sei nicht ein Teil des Verkehrs, und gegen Trupps von Hungerleidern werde seine Polizei vorgehen. Jagow warnte Neugierige, auf daß sie bei diesem Einschreiten nicht zu Schaden kämen.

Noske war ehrlicher. Für ihn diente die Straße nicht mehr dem Verkehr, der Verkehr konnte seiner und seiner Freunde Macht nur abträglich sein; er sperrte die Straße, die zu einer Einschränkung seines Gebietes führen konnte, einfach mit Stacheldraht und stellte weißgardistische Offiziere mit Eierhandgranaten, Maschinengewehren, Revolvern und Flinten davor. »Wer weitergeht, wird erschossen.« Das war das Manifest von Ebert, Scheidemann, Noske an die neue Republik.

Wer weitergeht, wird erschossen! Auf den Pilastern, die vor den Berliner Bahnhöfen zum Besuch der Großen Berliner Polizeiausstellung einladen, sollte, von Girlanden umschlungen, dieses Motto stehen; die Polizei hat es sich zu eigen gemacht, bevor sie es in den stürmischen Tagen von 1918 und 1919 öffentlich verkündete. Wer weitergeht, wird erschossen.

Ursprüngliche Aufgabe der Polizei war der Schutz der Gesellschaft vor Verkehrsunfällen und vor Verbrechen. Längst aber ist sie darüber hinaus zu einer Waffe geworden, angewendet wider alle, die aufzumucken wagen gegen Willkür des Unternehmers, gegen Dünkel des Bürokraten und gegen Mißbrauch der Gesetze. Die Polizei ist ausführendes Organ der Machthaber, und schrankenlos wütet sie in ihrem Wirkungsbereich.

Es gibt keine ethische Rechtfertigung für die Mittel, deren sie sich bedient. Auch die willfährigsten Staatsphilosophen könnten keine Entschuldigung dafür finden, daß ein Land seine Ordnung aufrechterhält durch eine Armee von Lockspitzeln, welche Verbrechen in Vorschlag bringen, um sie für acht Groschen oder für eine Belobung oder für ein Avancement ihren Auftraggebern zu melden; es kann keine sittliche Begründung dafür ausgeklügelt werden, daß Hyänen vom Schlage Haarmanns[14] mit der Legitimation eines Detektivs den Behörden als »wertvolle Mitarbeiter« helfen; es kann nicht glaubhaft gemacht werden, man vermöge Arrestanten, von hundert Leuten bewacht (sogar im Innern des Polizeipräsidiums, wie im Falle Sült[15]), nur an der Flucht zu hindern, wenn man sie erschießt.

Die Foltermethoden, mit denen man von politischen Häftlingen Geständnisse erpressen will (zum Beispiel die aus dem Leipziger Tschekaprozeß[16] bekannten »Verhöre zweiten Grades«), lassen alles hinter sich, was an Instrumenten der mittelalterlichen Inquisition bei der Polizeiausstellung zu dem Zwecke vorgeführt wird, daß das Heute im Gegensatz zu den vergangenen Zeiten als human erscheine.

In Staaten, wo man Widerstand des Volkes zu fürchten hatte, kann die Polizei keine Selbstherrschaft ausüben; in England schränkt die »Habeas Corpus Acte« zugunsten der Freiheit des Staatsbürgers die Freiheit der Polizei ein, indem sie eine willkürliche Verhaftung verbietet. Gegen dieses Gesetz ist oft in der Praxis gesündigt und in der Theorie angekämpft worden. Mirabeau hat schon vor der großen Revolution auf jeden Versuch, die Machtbefugnis der Polizei zu erweitern, eine Antwort gegeben, die in ihrer Schärfe gegen Polizeigeist und Polizeibegeisterung gerade in den Tagen, da das Bütteltum zum Feste lädt, Aktualität besitzt. Mirabeau sagt in seinem »Aufsatz über Steckbriefe und Staatsgefängnisse«:

»Wenn das alleinige Ziel der Regierung nicht darin besteht, unsere Freiheit und unser Eigentum zu gewährleisten, dann kümmert uns herzlich wenig ihre schöne Polizei, kümmern uns ebensowenig die Vorzüge einer Gesellschaft, die nur als Vorwand für all die kleinen Ungerechtigkeiten dienen und um derentwillen wir die Rechte verlieren sollen, zu deren Erhaltung und Vermehrung wir uns mit unseresgleichen zusammengeschlossen haben. Ob wir durch einen Räuberhauptmann oder durch einen Steuerpächter ausgeplündert werden – deswegen, werden wir keine größere Freiheit besitzen. Und im zweiten Falle ist die Kränkung empfindlicher, größer, weil unser Vertrauen verraten wurde, weil uns die Scham bedrückt, unseren Bedrücker bezahlen zu müssen, der von uns selbst seine Macht erhielt, weil jede Notwehr uns dann als Verbrechen verboten ist. – Man sehe nur, wie heutzutage die Franzosen von ihren dreißig Polizeiinspektoren der Pariser Stadtviertel, von ihren fünfzig Polizeikommissaren, von ihren Hunderten von Polizeibeamten, von ihrer Unzahl Polizeispitzeln, von ihrer Legion an Polizeidienern und Hilfsdienern maßlos begeistert sind! Mit einem Wort: begeistert von einem ungeheuren Aufgebot einer höchst verwickelten, herrischen und kostspieligen Polizei, die so viele Schurken loben und so viele Narren bewundern. Dabei ist sie doch einzig und allein zu dem Zweck geschaffen worden, für die Reinigung und die Beleuchtung der Straße zu sorgen, die öffentliche Ruhe aufrechtzuerhalten und ein wachsames Auge auf die Spitzbuben zu haben. Trotzdem ist die Polizei aber eine richtige Inquisitionsbehörde geworden, der alle Bürger unterworfen sind, unter dem Vorwand, man sorge für ihre Sicherheit. Sie kostet den Staat unermeßliche Summen, um höfische Intrigen zu fördern oder in amüsanter Weise die Neugier einiger Herrschaften zu befriedigen. Wenn man – so behaupte ich – unsere Bewunderung für die prächtigen Machenschaften der Polizei sieht, muß man beinahe glauben, man könne überhaupt nur in Paris in Ruhe und Frieden leben, überall sonst in der Welt bringe man sich gegenseitig um, oder die Bewohner gerade dieser Stadt seien eine Horde von Schwerverbrechern. Aber ganz und gar nicht! In

Polizei-Razzia im Wedding (1931)

allen Ländern der Welt, so kann man – nach Fénelon – behaupten, bilden fast alle anständigen Menschen das Volk.«

Was hätte Mirabeau erst gesagt, wenn er in den Tagen der Polizeiausstellung nach Berlin gekommen wäre und die Stadt gesehen hätte, »begeistert von dem ungeheuren Aufgebot einer höchst verwickelten, herrischen und kostspieligen Polizei, die so viele Schurken loben und so viele Narren bewundern«! Mit den Geldsummen, die die Erhaltung der Polizeikasernen und der Polizeiheimarbeiter, der Spitzel, kostet, könnte man Eigentumsverbrechen in ihren Wurzeln bekämpfen, könnte man die Not, den Antrieb zu den meisten Eigentumsverbrechen, bedeutend mildern. Das hypertrophische Anwachsen der polizeilichen Institution, das die Ausstellung in Tabellen veranschaulicht, hat keineswegs die Zahl der

Verbrechen zu verringern vermocht, im Gegenteil, die Züchtung von Denunziationen und die Schaffung überhitzter Atmosphären hat nur zur allgemeinen Unsicherheit beigetragen. Der Fortschritt der Kriminalwissenschaft, der in daktyloskopischen Registern, in Systemen der Tatbestandsphotographie, in Reformen des Steckbriefwesens und der Verbrecheralben, in Rekonstruktionen des Tatortes, in Erfindungen zur Spurensicherung, in Dressur von Polizeihunden, in Organisierung von Überfallkommandos und hundert anderen Dingen dem Publikum stolz vor Augen geführt wird, ändert nichts daran, daß weitaus der größte Teil aller Delikte unaufgeklärt bleibt.

Läßt man auch nur flüchtig die Bluttaten Revue passieren, die in der letzten Zeit die Öffentlichkeit erregt haben, so fragt man sich, wer die Bestien waren, die den Pagen Schäpel aus dem *Café Vaterland* ermordeten, so fragt man sich, wer es war, der den Ernst Straffke in Schöneberg mit Zyankali vergiftete, so fragt man sich, wer im Tegeler Forst den Fememord an Arnold Schwenke beging, so fragt man sich, wer im Wald der schußbereiten Herren von Kaehne den jungen Otto Laase erschoß, so fragt man sich, wer am Arnswalder Platz die Elisabeth Stangerski erwürgte und wer all die anderen Morde in Berlin verübte, von denen man in den Zeitungen las, ohne daß diesen Nachrichten die offizielle Siegesmeldung gefolgt wäre: »Es ist der Polizei gelungen …«

Von der Provinz ganz zu schweigen, wo Denke in Freiheit wirken konnte, während ein Unschuldiger wegen dieser Massenmorde im Zuchthaus saß, und der arme Landstreicher Olivier in den Arrest geworfen wurde, weil er Denke beschuldigte; wo Haarmann jahrzehntelang die Achtung der Polizei genoß, wo man nicht einmal der Tiermenschen habhaft werden konnte, die die Kinder Fehse auf dem Weg zum Postamt umgebracht und den Eltern der Kinder deren Geschlechtsteile zugeschickt hatten. Diese

Beispiele aus der letzten Zeit ließen sich um Hunderte vermehren, und auch der Rest wäre unaufgeklärt geblieben, hätte nicht der Zufall mitgewirkt oder jemand aus der Bevölkerung die Anzeige gegen den Schuldigen erstattet.

Und schließlich werden auch, das weiß sogar das Sprichwort, nur die kleinen Diebe gehängt, und die großen laufen frei umher, trotzdem ihre Aktienbetrügereien, Inflationsschwindeleien, Beamtenbestechungen, Häuserschiebungen und Spekulationsgaunereien ziemlich unverschleiert die Presse aller Richtungen füllen. An hunderttausend Menschen wurden im Laufe der republikanischen acht Jahre in den Straßen von Hamburg, Essen, München, Leipzig und anderen Industriestädten erschossen, eingekerkert, mißhandelt, verfolgt und vernichtet. Noch sind die deutschen Zuchthäuser voll von politischen Häftlingen, zu denen freilich die Riesenorganisationen der Fememörder nicht gehören; noch heute wird von Polizeiknüppeln und Polizeirevolvern und Polizeiverboten das beseitigt, was für ein neues Sein einzutreten wagt. Alles soll bleiben, wie es war und mit blutigen Opfern wiederhergestellt ward, jeder hat in seiner Bedrückung zu verharren, und wer weitergeht, wird erschossen.

Schon die Tatsache, daß die Polizei es wagt, sich zur Schau zu stellen und sich als eine der Volksbegeisterung werte Einrichtung aufzuspielen, obwohl sie ein notwendiges Übel wie Abdecker oder Wanzenjäger darstellt, wäre selbst im absolutistischen Mittelalter, als Sbirren[17] und Folterknechte herrschten, nicht möglich gewesen.

Die Wiener Polizei, das hemmungsloseste Reklameunternehmen Europas, bringt außer der Photographie ihres unersättlich eitlen Präsidenten bei Abnahme einer Parade noch einige Abbildungen von Wohltätigkeitsinstitutionen für Schutzleute, die direkt oder indirekt dem Busenfreunde Schobers, dem Kettenhändler, Kriegsgewinnler und Valutenschieber Bosel, zu verdanken sind.[18] Außerdem ist ein neues Abformungsverfahren aus buntem Wachs zu sehen, dessen Produkte ins Schaufenster eines Modengeschäftes oder eines Friseurladens gehören, aber mit Kriminalistik wenig zu tun haben.

Admiral Horthy hat darauf verzichtet, die Holzknüppel auszustellen, mit denen die ungarischen Kommunistinnen mißhandelt wurden, nachdem sie geschändet worden waren; Horthy hat darauf verzichtet, die Instrumente der Frankenfälscher vorzuführen, er begnügt sich mit Beweisstücken harmloserer Verbrechen, wie Jagdfrevel und Heiratsschwindel, und zeigt die sportlichen Leistungen seiner Polizisten. – Ägypten hatte seine Beteiligung an der Ausstellung zugesagt, und begeistert gab die Ausstellungsleitung im vorhinein eine riesige Koje. Leider kam Ägypten nur mit ein paar Photographien angerückt, und nun steht ein kleiner Ägypter weltverloren da, als hätte er sich mit seinem Guckkasten in der Wüste verirrt... Danzig naht mit falschen Spielmarken und mit Spielertricks aus dem Kasino Zoppot, hat jedoch nicht unterlassen, einen legalen Bakkaratschlitten auszustellen, um zu beweisen, daß auf diese Art gesetzlich Bauernfang und Spielschwindel betrieben wird.

Besondere Ideenarmut macht sich in der Historischen Abteilung breit. Die Polizei des Altertums ist durch die Wachsfiguren eines Cäsaren und zweier Liktoren und durch einige Fascesbündel dargestellt, was herzlich albern ist, wenn es nicht eine Huldigung für die modernen Faschisten bedeuten soll. Im Mittelalter finden wir alte Bekannte wieder: Folterinstrumente und Richtschwerter, die wir in Castans Panopticum gruselnd betrachtet haben und die nach dessen Versteigerung in den Besitz der Polizei gelangten.

In der Abteilung »Neuzeit« ist von der Ansbacher Polizei ein Zimmer dem Andenken des armen Findlings Kaspar Hauser geweiht; man sieht seine Uhr, seine Kleider und Wäsche mit den Stichmarken des Mordinstrumentes und die ganze Literatur über diesen geheimnisvollen Unbekannten. Solcherart wäre die ganze Ausstellung zu arrangieren gewesen, ein Raum für das Attentat auf Kotzebue, eines für den Rastatter Gesandtenmord, ein paar Räume für die Demagogenverfolgungen und die Hochverratsprozesse – und die politische und Geistesgeschichte Deutschlands hätte in polizeilichen Einzeldarstellungen erstehen können. Davon aber findet sich außer einigen Vitrinen mit Zensurvermerken, beschlagnahmten Büchern und verbotenen Bühnenmanuskripten nirgends eine Spur.

Die politische Polizei vereinigt in einem Rahmen Bilder vom Überfall auf Walther Rathenau; die Leute, die das Auto und die Waffen beschafft und auch sonst für den Mord und die Mörder vorgesorgt haben, fette Popogesichter mit Schmissen, haben fürchterliche Strafen erleiden müssen: zwei Monate Gefängnis, durch die Untersuchungshaft abgebüßt! Photographien von den Fememorden an Leutnant Sand, dem Bäcker Willi Legner in Elsgrund-Döberitz und einem Unbekannten aus Küstrin fehlen nicht; die Mörder des jungen Erich Pannier sind *in effigie* als Tableau angeordnet, doch ist die Glasplatte darüber mit schwarzen Papierstreifen derart beklebt, daß man den Beruf der Bravi nicht lesen kann – unter diesen Streifen stehen nämlich die Worte: »Hauptmann«, »Oberleutnant«, »Leutnant« und »Wachtmeister«.[19] Leider sind manchmal von Mördern nur die Uniformbilder zu beschaffen gewesen, und der Attentäter auf Maximilian Harden ist mit dem studentischen Stürmer abkonterfeit.

Die übrigen Objekte aus dem Tätigkeitsgebiet der politischen Polizei gelten den Kommunisten. Beschlagnahmte Literatur von Lenin, Rosa Luxemburg, Karl Liebknecht, Larissa Reißner und vielen anderen, Bilder vom Siegessäuleattentat, die Opfer des Leipziger Tschekaprozesses – ohne den angeblichen Hauptangeklagten, den Spitzel Felix Neumann.

Max Hoelz[20] ist in der Ausstellung überall zu sehen, Max Hoelz mit Vollbart, Max Hoelz mit Schnurrbart, Max Hoelz glattrasiert, die rote Armbinde von Max Hoelz, die Armbinde des Adjutanten von Max Hoelz – die Festnahme von Max Hoelz scheint überhaupt der Stolz der deutschen Polizei zu sein, und man vergißt, daß die Tschechoslowaken, als sie ihn nach dem Vogtländischen Aufstand verhafteten, ihn binnen kurzem wieder entlassen haben, indem sie ihm bescheinigten, er habe seine Taten nur aus politischer Überzeugung begangen.

In der Geschlossenen Abteilung, vor deren Tür sich Kämpfe der Einlaßheischenden entspinnen, sind vor allem jene pornographischen Zeitschriften gesammelt, die man an jedem Zeitungskiosk ausgehängt findet, und andere unzüchtige Literatur, meist auf photographischem Wege vergrößert.

Ein Salon, von einer Möbelfirma eingerichtet – sie empfiehlt sich mit vollem Namen und Adresse den *pleno titulo* Interessenten –, stellt die Wirkungsstätte einer Masochistin vom Schlage der ermordeten Gräfin Strachwitz dar. Mit Ruten, Peitschen, gespornten Damenstiefeln, Maulkörben für Menschen und einem riesigen Nickelkäfig, in dem der zu Peinigende nackt hochgezogen wurde. Wer den Zweck eines oder des anderen Gegenstandes nicht begreifen sollte, kann aus einem Inventarverzeichnis von liebevoller Genauigkeit ersehen, Nummer 6 sei ein Keuschheitsgürtel und Nummer 8 eine Beischlafschürze mit Stacheln. Im besetzten Gebiet Deutschlands hatte ein Photograph seine Kundinnen mit gespreizten Beinen auf einen hohen Schemel setzen lassen und nicht nur deren Gesicht, sondern, mit einem auf dem Boden postierten Apparat, auch deren Körper photographiert; von seinen Bildern sind nahezu hundert ausgestellt.

An die erotischen Köstlichkeiten schließen sich verschiedene Neuerungen auf dem Gebiete des Fahndungswesens.

Besonders raffiniert erdacht ist eine Lauschzelle zwischen zwei Kerkerzellen, in denen sich je ein Komplize befindet; zwischen ihnen sitzt Tag und Nacht unbemerkt der Spitzel, der jedes Wort abhören kann.

In der Geheimen Abteilung sind auch die politischen Flugblätter in Mappen gesammelt. Einige fehlen, aber es wird auf einer großen Tafel verkündet: »Zahlreiche beschlagnahmte Druckschriften, insbesondere linksradikale Zersetzungsschriften zur Agitation in der Schutzpolizei und in der Reichswehr, können aus dienstlichen Gründen nicht ausgestellt werden.«

Denn der politische Polizist darf niemals auf den Gedanken kommen, daß seine Gegner für eine Überzeugung eintreten, die auf wissenschaftlicher Lehre fußt und zur Besserung der Gesellschaftsordnung bestimmt ist!

Die Polizei nimmt es gerne in Kauf, daß bei ihrer Ausstellung die Mittel zur Bekämpfung des Verbrechens viel weniger in Erscheinung treten als die Mittel der Verbrecher selbst und daß die Veranstaltung nicht nur zur Verherrlichung der Polizei, sondern in weit größerem Maße zur Verherrlichung des Verbrechens dient und einen Anschauungsunterricht für werdende Kriminelle bildet.

Die Polizei nimmt es gerne in Kauf, daß man sich vor den rekonstruierten Tatbeständen, den Reliquien von Massenmördern, vor den Andenken an Kinderschändungen und vor dem Grünen Gewölbe mit der Juwelenbeute eines Fassadenkletterers berechtigt sagt, die Täter haben jahrelang, jahrzehntelang ihr Gewerbe ausgeübt, ohne erwischt worden zu sein, und sind meist durch Anzeige vom Komplizen, aber fast niemals durch kriminalistische Schliche und Schlauheiten ausgeforscht worden – wenn sie überhaupt ausgeforscht wurden. Die Polizei nimmt es ja auch in Kauf, daß der denkende Mensch mit Widerwillen die Namensnennung und Beweihräucherung von Kriminalbeamten in der Zeitung liest, die den Filmschauspielerinnen und Operettensängerinnen an Popularität den Rang ablaufen wollen.

Die Polizei nimmt all das gerne in Kauf, denn ihr gilt es nur für wichtig, von dem politischen Zweck ihrer Existenz abzulenken. An den wahrhaft ungeheuren, ziffernmäßig gar nicht zu erfassenden Spitzelapparat, der alle linksgerichteten Organisationen, alle Betriebe und alle Straßen durchsetzt, erinnert nichts in der großen Propagandaschau, nichts erinnert an die Eroberung der russischen Handelsvertretung in Berlin, nichts an die Salven gegen unbewaffnete Versammlungsteilnehmer in Halle, nichts an die polizeiliche Beteiligung bei den »Verrätermorden« in Bayern, und selbst in der Geschlossenen Abteilung wird nicht gezeigt, in welcher Art die Karikaturisten der neuen Zeit, Künstler wie George Grosz, Rudolf Schlichter, John Heartfield und Griffel, der Ansicht des Volkes über die Polizei Ausdruck geben.

Alles lenkt auch ab von dem Anblick der Verheerung, die das Häschertum im Schrifttum angerichtet.

Die Haftbefehle und Akten sollten von neuem ausgestellt werden, die gegen deutsche Dichter ausgestellt wurden, von Schubart, Kinkel und Reuter angefangen bis zu Mühsam, Toller, Becher; es müßten die Zensurverbote exponiert sein, kein Kunstwerk blieb verschont.

Eine Ausstellung des Verbrechens wäre von kulturellem Wert, veranschaulichte sie, wie Tat und Täter im Wechsel der Zeiten Motiv der Literatur gewesen, und wären die Erinnerungsstücke an Prozesse aufbewahrt, die den Dichtern Anlaß gaben zum Schrei nach Recht, die Verhaftung des Jean Calas, durch die Voltaire die Justiz der Welt revolutionierte, der Fall des Notars Peytel, an dem Balzac zerschellte, oder die Affäre Dreyfus, von Zola zur Affäre des Erdballs gemacht.

Hierher würden die höhnischen Denkschriften Beaumarchais' in seiner eigenen Gerichtssache passen, jene Mémoires, die in Zehntausenden von Exemplaren in Paris aufflatterten und die man noch heute nicht lesen kann ohne die Vorstellung, ihre Wirkung könnte sich anders äußern als in einer großen Revolution; um diese Zeit war es, daß ein Buch ganz anderer Art erschien, eine *grande reportage* des ehemaligen Advokaten Linguet, das alle Verzweiflung und allen aufgestapelten Haß auf ein Ziel konzentrierte: die Bastille zu erstürmen und die Opfer des Polizeigeistes zu befreien.

(1927)

Berlin bei der Arbeit

Von den europäischen Hauptstädten gibt es keine, die so sehr den Ruf der Arbeitsstadt genießt wie Berlin. Und wirklich sind die Bauten und Maschinen, die Berlin zur Aufrechterhaltung seines Verkehrs und Wirtschaftslebens braucht, meist großartig, an Vollendung wohl nur von den amerikanischen Betrieben übertroffen. Meisterwerke der Technik, keinesfalls zu vergleichen mit den armseligen Anlagen der geringen Industrie, welche nach dem Zusammenbruch des zaristischen und kerenskischen Rußlands[21] in den Besitz der russischen Arbeiter übergingen, nicht ohne von den Weißgardisten während des Bürgerkriegs vollends in Ruinen verwandelt worden zu sein.

Aber während sich im sozialistischen Staate der Wiederaufbau von unten herauf vollzog, während die Betriebe dort mit leidenschaftlicher Anteilnahme von neuem eingerichtet wurden und die Arbeit als ein Werk der Gemeinschaft von den organisierten Massen mit Freiwilligkeit und Hoffnung geleistet wurde (wie etwa bei uns die politische oder Gewerkschaftsarbeit), hat in der kapitalistischen Welt die Arbeit längst jeden Charakter der Befriedigung eingebüßt und ist für den Proletarier nichts als ein Mittel, dem Hungertod zu entgehen. Drüben sind Gründung und Werden eines neuen Werkes Angelegenheit des ganzen Volkes, und zum zehnjährigen Jubiläum der Arbeiterrepublik, das die kapitalistischen Staaten mit Meuchelmorden und Krieg zu stören beabsichtigen, werden in Leningrad, Moskau, Eriwan, Tiflis und anderen Städten neue riesige Kraftanlagen der Allgemeinheit übergeben werden – mit anderem Sinn, anderer Bedeutung, anderem Jubel, als in bürgerlichen Staaten Kirchen oder Völkerschlachtdenkmäler eingeweiht werden … Ja, selbst die Inbetriebsetzung eines so großen Unternehmens, wie es das Kraftwerk Rummelsburg ist, löst in der Arbeiterschaft die entgegengesetzten Gefühle aus: Schon die aus geldverdienerischen Gründen bewiesene verbrecherische Hast in der Durchführung des Baues hatte schwere tödliche Unfälle zum Ergebnis, und die Vollendung hatte keine Schaffung von Arbeitsgelegenheiten, keine Verminderung der ungeheuren Arbeitslosigkeit zur Folge, da die maschinelle Anlage die menschliche Kraft fast ganz entbehrlich (also jede Lohnforderung, jede Auflehnung gegen Ungerechtigkeit und dergleichen unmöglich) macht, ohne daß der werktätigen Bevölkerung durch das neue Unternehmen auch nur der geringste Nutzen erwachsen würde.

Daß die modernen Maschinenanlagen und Fabrikbauten weder mit der Festsetzung erträglicher Löhne und Arbeitsbedingungen noch mit einer Neugestaltung von Arbeitsschutz und Arbeitsfürsorge Hand in Hand gehen, ist Tradition – durch Herabsetzung der Löhne hat Deutschland den Preis seiner Ausfuhrware immer derart herabzumindern verstanden, daß der Welthandel von dieser Konkurrenz bedroht wurde, es ewig zu Konflikten kam und die internationale Rüstungsindustrie einschließlich der deutschen für ihre Kriegshetze leichtes Spiel hatte.

In einer Großstadt wie Berlin erhöht sich die Arbeitszeit schon durch die enorme Entfernung der Wohnung von der Arbeitsstätte, schon die morgendliche Fahrt in der überfüllten Straßenbahn ist Anstrengung, und die abendliche Heimkehr nimmt dem ausgepumpten Arbeiter den Rest seiner körperlichen und geistigen Kraft. Dabei gibt es Zehntausende, die keine Nachtruhe haben, denn der Verkehr zur Arbeitsstelle darf nicht stocken, in Zelten auf dem Fahrdamm werden die Schienen der Straßenbahn beschweißt, in den Tunnels der Untergrundbahn tauscht man die schadhaften Geleise

Frauen bringen ihren Ehemännern das Mittagessen in die Fabrik (»Mittag bei Borsig«, Gemälde von Hans Baluschek, 1911)

aus, und auf den Landstraßen bessern Erdarbeiter mit Harke und Schippe den Boden aus, damit das Auto des aus seiner Villa kommenden Herrn nicht etwa rüttle ... Ein Kontrast? Es gibt ihrer mehr. Am Flugplatz stehen die Monteure bereit, um allenfalls die Motoren des ankommenden Ozeanfliegers auszubessern, und auf dem Landwehrkanal schwimmt ein Obstkahn wie vor hundert Jahren. Auf der Avus

Das Kraftwerk Klingenberg in Rummelsburg (1927)

überrunden sich die Rennwagen, und die Fahrer werden getötet im Kampfe um etwas Reklame für die Unternehmer, während der Briefträger tagaus, tagein, jahraus, jahrein, drei, vier, fünf Stockwerke steigen muß. Auf dem Gleisdreieck schneiden sich die Strecken von Fernbahn, Hochbahn, Vorortbahn in der Luft, nicht weit davon fährt der Bäckergehilfe mit einem Hundewagen sein Brot zu den Kunden. Am Nordhafen löschen Entladekrane, von einem Druck auf den Taster zum Leben erweckt, Hunderte von Tonnen, aber keine Maschine hilft der armen Tagelöhnerin, Ziegel aus dem Spreekahn ans Ufer zu tragen – der Lohn für Arbeiterinnen ist auch im elektrischen Zeitalter noch immer billiger als ein Druck auf den Taster! Kontraste? Es gibt ihrer mehr! Hinter jedem Luxus steht die harte Arbeit jener, die niemals den Begriff Luxus kennen werden, hinter jeder prunkvollen Theatervorstellung, hinter jedem Ausstattungsfilm steht das Heer derjenigen, die sich um eines Hungerlohnes willen Tag und Nacht hin und her hetzen lassen müssen, deren Namen nicht einmal der kennt, der sie hin und her hetzt, geschweige denn das Publikum, das bewundernd den Namen seiner Lieblinge ausspricht, die »großen«, glänzend bezahlten Regisseure und die »großen« Schauspieler und Schauspielerinnen. Und die Vergnügungsstätten, die sich mit kostbaren Täfelungen, Goldornamenten, Samtbordüren, Kristallüstern einem Großstadtpublikum darbieten, die an Sekt und Charleston und Nepp verdienen, sie denken nicht daran, modern zu sein, indem sie der Abwaschfrau mehr als vierzig Pfennig für ihre schwere Morgenarbeit bezahlen würden, die hastig geleistet werden muß – bevor die ersten Gäste kommen. Berlin kennt keine Pause; wenn der Genuß schlafen geht, muß die Arbeit in die Bresche springen, wenn das Morgenblatt erschienen ist, muß der Arbeiter die Rotationsmaschine für das Mittagsblatt in Ordnung bringen, wenn das Restaurant gesperrt wird, muß in der Markthalle Fleisch und Gemüse für morgen eingekauft werden, wenn sich die Häuser zur Ruhe legen, müssen die Abzugskanäle gesäubert werden. Tag und Nacht ist Berlin, die Großstadt, tätig, in der die Gegensätze sinnfällig beisammen wohnen, ohne daß Tausende es merken, daß dem, der die Arbeiten leistet, die Genüsse versagt sind.

(1927)

Berliner Schlächterläden

Die Tatsache, daß im zivilisierten Hause einer asphaltierten Straße jemand blutige Stücke von Kadavern aushängt und nach Wunsch zerhackt und zerschneidet, mit Muskelfasern, Knochen und Hautgeweben handelt, kann nur den nicht überraschen, den die Gewohnheit abgestumpft hat, oder den Hohlkopf, der alles Selbstverständliche selbstverständlich findet. Einige Maler erstaunten ob der Gewalt dieses Motivs, Rembrandt versuchte sich daran und Manet, der die Schlächterei nur als Episode malte, eben impressionistisch. Dem genialen Flamen Frans Snyders, einem Landsmann von Rubens, der auch nur Fleischläden, aber im Lebendgewicht malte, also besagtem Snyders wurde der Eindruck der zur Ware gewordenen Tiere auf Lebensdauer richtunggebend: In der Leningrader Eremitage ist ein Saal von Straßenlänge mit diesen Blutspuren einer schlachtenden oder geschlachteten Phantasie tapeziert. Stilleben? Nichts lebt so wenig still wie diese Interieurs von Geschäften, in denen kein Lebewesen ist, aber klaffende, blutende, ausgespreizte, ausgehäutete, zerschnittene Stücke von Schwein, Rind, Wildbret und Fisch.

In den fürnehmen Stadtvierteln hängt man die Leichname nicht auf die Straße hinaus, sondern hält in dem gekachelten Laden bereits alle Ware verkaufsbereit, Schnitzel, Kotelett, Rumpsteak, Rinderfilet, Roastbeef. Die Hausfrau versteht oft nicht viel davon, und der Hausgehilfin ist es nicht wichtig, ob eines der Stücke etwas fetter ist oder ob die Größe eines Knochens das Gewicht um zehn Pfennige erhöht. »Klopfen Sie es mir ein wenig aus.«

Hier und da wird noch gewünscht: »Schneiden Sie mir den Stempel (der Fleischbeschau) heraus, meine Dame kann das nicht leiden.« – »Bitte sehr, mein Fräulein.« Das ist fast der ganze Dialog zwischen Kundin und Verkäufer, die Registrierkasse fungiert stumm. Würde nicht die Fiktion aufrechterhalten werden, als ob die Käuferin eine ganz außergewöhnliche Sachkenntnis und ihr Gatte einen ganz außergewöhnlichen Geschmack besitze, könnte man die Ware bereits eingepackt aus den Regalen reichen. An der gegenüberliegenden Theke wird Schinken und Wurst verkauft, kalte von der kalten Mamsell, warme von der warmen Mamsell, auch da gibt es nichts zu mäkeln und zu feilschen.

Schwer sind für eine Arbeiterfrau die acht Schritte entlang des Schlächterladens, schwer ist es für eine arme Gattin und Mutter, vorbeizugehen an einer brutalen Lockung, Rinderbrüste räkeln sich ihr entgegen, Schweine stellen ihr ein Bein, die Schnauze streckt sich küßbereit vor, die Backe möchte gestreichelt sein. Vorbei, vorbei an der schwarzen Tafel, auf der mit Kreide die Tagespreise geschrieben sind. Verschließe dein Auge vor dem über dem Türpfosten hängenden Stuhl mit der weißen Schürze, die dem Berliner das sagen, was ohnehin auf der *ad hoc* herausgeschobenen Tafel steht: »Heute frische Blut- und Leberwurst.«

Mit diesem Stuhl samt Schürze hat es, wenigstens der Sage nach, folgende echt Berliner Bewandtnis: Ein wegen seiner Würste besonders renommierter Schlächtermeister stellte sich an einem oder zwei Tagen der Woche mit strahlender Schürze vor seinen Laden, um solcherart der Umgebung zu signalisieren, daß er heute frische Blutwürste geschaffen habe. So tat er jahrelang, bis er von einer Lähmung befallen wurde. Das Würstefüllen konnte auch die Schlächtersgattin kongenial besorgen, aber ihr weißgeschürztes Vor-der-Tür-Erscheinen wirkte weder als Aviso noch als Sensation, so daß sie dem gelähmten Ehemann eine Schürze umband, ihn auf die Straße trug und buchstäblich vor die Tür setzte. Freilich, als er starb, ging das nicht mehr, mit Menschenleichen kann man nicht umgehen wie mit Tierleichen, und Frau Metzger schob also wenigstens Schürze und Stuhl vor. Das nachzumachen konnte niemand der Konkurrenz verwehren, und so bedeutet bei allen Alt-Berliner Schlächtereien der Schürzenstuhl die heute erschienene Blutwurst. Und wer sie kaufen kann, bringt einen Topf mit, der ihm aus der Molle mit Brühe gratis gefüllt wird.

Vorbei, vorbei an den Glücklichen, die mit dieser Speise, diesem Trank heimwärts streben. »Einem muß eben die Blutwurst sein«, sagte Noske. Beneide keinen!

Es müßte ja nicht gerade Blutwurst sein, denkt die Arbeiterfrau. Welch ein Triumph wär's zum Beispiel, wenn man Willem eines Sonntags unversehens ein Eisbein – ein Eisbein! – vorsetzen könnte, ein Eisbein mit Sauerkohl und Erbsenpüree, wie gut täte den Kindern auch an Wochentagen ein Stück Fleisch.

Tritt sie in den Laden – was kann sie schon kaufen? Ein Pfund Gehacktes zu einer Mark oder, wenn's gutgeht, ein Pfund Schabefleisch, und daraus soll man nun mit alten Schrippen zusammen deutsches Beefsteak braten, für vier große hungrige Mäuler und für vier kleine, aber ebenso hungrige. Oder ein Pfund Hackepeter, das eine Mark sechsundvierzig kostet und worin mehr Zwiebeln, mehr Kümmel, Salz und Pfeffer stecken als Fleisch. Und weiß man denn, was für Fleisch das ist. Der Budiker in der Münzstraße, dem der Ruhm gebührt, Erfinder des Hackepeter zu sein, der hatte den riesigen Block Schweinernes mitten im Lokal aufgebahrt und ließ ihn vor aller Welt zerhacken, man kaufte nicht die Katze im Sack. Aber heutzutage, nach dem Krieg, da man die Technik des Ersatzes ins Unverschämte ausgebaut? …

Kaldaunen, edel wie der Name, in Österreich heißen sie Kutteln, müssen fünf Stunden kochen, bevor sie zu Königsberger Fleck werden. Normalspeise ist das Suppenfleisch, Pfund eine Mark zwanzig, wird mit Gemüse und Kartoffeln zu einem »bürgerlichen Essen« gekocht; das Fleischstück, das für die Familie seine Pflicht – dem Kohl etwas Saft und etwas Geschmack abzugeben – getan hat, bleibt für den Vater bei seiner abendlichen Heimkehr aus der Fabrik. Je schwerer der Knochen, desto leichter das Fleisch, und man versteht den Protest des Einkäufers gegen unglückliche Gewichtsverteilung, aber wer die Macht hat, hat das Recht, und so hat der Metzger das Recht zum Einwand, der alle Proteste abschneidet: »Bis die Ochsen auf Leberwürsten loofen, dann wird's keene Knochen geben.«

Der hat leicht reden, er ist der Zar über die Mägen der Nachbarschaft, er entscheidet darüber, wieviel Fettgehalt dem Organismus zugeführt werden kann; wohl dem, dem er Kredit eröffnet, weh dem, dem er nichts pumpt, der kann neidisch den Eiskutscher oder den Salzkutscher ein Stück Wurst als Trinkgeld erhalten sehen, ja er kann den Bettler beneiden, der einen Wurstzipfel als Almosen, und den kleinen Einholer, der eine Scheibe Schlackwurst als Provision kriegt. Noch kein Schlächtermeister ist Hungers gestorben, er wird immer fetter, obwohl man sich eigentlich nicht vorstellen kann, daß er mehr Fleisch ißt als andere wohlhabende Leute. Nur seine Kunden sind's, die so eine Vorstellung haben: »Wenn ick dem sein Sohn wär, dann könnt ick morgens Eisbein zum Kaffee essen.«

Kann er ooch, kann er ooch, und dem sein Sohn wird wieder Metzger, so doof ist der Alte nicht, daß er den Jungen studieren läßt, kommt gar nicht in Frage, wo er doch einfach die Goldgrube übernehmen kann und dann zeitlebens soviel Eisbein zum Kaffee essen kann, wie er lustig ist. Das Gewerbe des Rind- und Schweineschlächters geht über vom Vater auf den Sohn, genauso wie anno ehedem die Ratsherrnwürde, während sich das Gewerbe des Pferdeschlächters nur so vererbt wie einstmals das des Schinders. Ein Rind- und Schweinemetzger sinkt niemals so tief, daß er zum Pferdeschlächter wird, aber seinen Kunden geschieht es oft, daß sie den Weg von ihm zum Pferdefleischer einschlagen. Bei dem kostet das Pfund Schabefleisch dreißig Pfennig und eine fertige Bulette »jemischt von Rappen und Schimmel« nur einen Sechser. Die Katzenmütter und die Hundeväter kaufen hier ein und Menschen, die einander erzählen, daß man vom Pferdefleisch rote Augen kriegt, aber doch herkommen, weil sie für ihre Pfennige beim Rind- und Schweinemetzger nicht mal »Ordinäres« kriegen würden. Das Gefrierfleisch aus Argentinien schmeckt farblos, aber es ist billig und erspart manchem Fleischesser den Weg zum Pferdemetzger, vereistes Bein statt Eisbein, welch schwacher Ersatz für einen Bauch von Berlin.

(1928)

Razzia auf der Spree

»Ham Se wat gehört von 'ner Leiche?«

Die Herren vom Wasserschutz waren nicht übertrieben freundlich, als ich als keineswegs loyal sich führender und geführter Zeitungsschreiber um die Erlaubnis ansuchte, eine feuchte Razzia mitzumachen.

Am Sonntag könne von der Mitnahme eines Passagiers mitnichten die Rede sein, denn da sei die Spree voll von zu beanstandenden Booten ohne grünes Licht steuerbords, ohne rotes Licht backbords und überhaupt ohne Licht auf dem Heck, die Wässer seien bespickt mit Verkehrsstörung und mit Verkehr ohne Störung. –

... und wochentags?

... ja, wochentags ist es so eine Sache. Wir haben zu wenig Personal, und das können wir nicht entbehren, weil ja auch die eigenen Kommandogelände bewacht werden müssen. –

(... merkwürdige Begründung, also auch die Feuerwehr dürfte nicht ausrücken, weil inzwischen auf der Feuerwache ein Brand ausbrechen könnte.)

... ja, im Bedarfsfall, da ist es etwas anderes, im Bedarfsfall finden Nachtstreifungen statt. –

... zum Beispiel?

... zum Beispiel, wenn man eben einen berlinwärts motorenden Bootsdieb oder zwei amerikawärts faltbootende Gymnasiasten fangen wolle oder eine am Müggelsee ausruhende Wasserleiche zu bergen habe. –

(Beiseite: Aha!)

Ja, wenn Sie auf gut Glück zum Reichswasserschutz Polizeikommando Baumschulenweg kommen wollen – ?

Auf gut Glück? Selbiges Revier der wässerigen Schupo liegt weit entfernt vom Arbeitszimmer, man muß zuerst Stadtbahn fahren bis zum Schlesischen

Bahnhof, dann Straßenbahn durch ganz Treptow und dann noch zu Fuß laufen quer durch den Plänterwald, auf dessen Ästen eine reichliche Zahl von Selbstmördern und Selbstmörderinnen hängt, alldieweil die Oberspree samt Müggelsee vielleicht heute ohne gemeldete Wasserleiche ist und daher kein Boot zur Bergung ausgerüstet wird und der Zeitungsschreiber unverrichteter Dinge heimkehren muß, durch den unheimlichen Plänterwald, durch das unheimliche Treptow, vom unheimlichen Schlesischen Bahnhof ins heimliche Arbeitszimmer. Zum Glück aber hatte eben ein Engel, der sich als Referendar Wieger oder so ähnlich vorstellte, wie gerufen Oberschöneweide 1071 angerufen: Eine Wasserleiche liege im Schilf hinter dem Müggelschlößchen abholungsbereit, sie sei ein Mann, habe eine Sportmütze auf und lächle friedlich, welch letzteres allerdings für ihre Agnoszierung von keinerlei Wichtigkeit sein dürfte.

Von diesem Auftauchen einer Wasserleiche in den Alpen (des Müggelsees) wurde nun von Oberschöneweide 1071 aus auch die Berliner Kriminalpolizei verständigt; dieses mochte der telefonierende Herr Referendar Wieger gar nicht bedacht haben, wohl kaum war es seine Absicht, daß zwei Beamte der Mordkommission sofort per Achse nach Müggelsee abfahren und sich die Nacht um die Ohren schlagen mußten.

Wie dem auch sei, der Zeitungsschreiber, der »auf gut Glück« das Landgelände der Wasserpolizei aufsuchte, kam kurz nach der telefonischen Leichenmeldung – also gerade zurecht, um an Bord zu steigen.

Eine nächtliche Fahrt auf dem Polizeiboot ist lohnend und billig, sie sei jedermann wärmstens empfohlen. (»Wo ein Wille ist, ist auch ein Weg«, hat Kaiser Wilhelm gesagt, womit er sicherlich andeuten wollte, daß man sich schon eine gute Ausrede erfinden kann, um mitgenommen zu werden.)

Auf dem Wasser scheuchen wir Gevögel auf, wie gebannt, ohnmächtig mit den Flügeln zappelnd, stecken Eisvögel im Kegel des Scheinwerfers.

Der Oberwachtmeister, neben dem Steuermann stehend, hat den Fuß auf die Bordwand aufgestützt, auf seinem Knie hält er den Scheinwerfer. »Kontakt einschalten«, und schon fällt der grelle stumme Schuß über den Wasserspiegel und die Kante des Festlands.

Nachts steigt der Schmutz der Spree – am Tage hielt er sich verkrochen – aus der tiefsten Tiefe zur obersten Oberfläche empor. Und auf dem Wasserspiegel blüht allabendlich eine Pflanze, genannt Entengrütze.

Links an der Sandschorre lagern Zillen, aus Motzen und Senzig angelangt, vom Spree-Oder-Kanal, vom Notte-Kanal, die Ladung wird hier umgeschlagen, Sandkähne und Loren, Eisenbahnschienen und Landungsbrücken, Uferkran und Schütte sind bereit.

Wahrhaftig, eine Großstadt ist von den Bauten der AEG ausgefüllt: Transformatorenfabrik, Akkumulatorenfabrik, Kabelwerk Oberspree und andere hochstöckige, noch jetzt beleuchtete Betriebe mit ungeheuren Hallen – transparente Fabriken. Dann die NAG, Nationale Automobil-Gesellschaft, Werkstätten des Konzerns, dem »Brennabor«, »Wanderer« und so weiter angehören.

Bei Friedrichshagen, dem Spreetunnel und dem riesenhaften Brauereischlot, der die ganze Gegend verschandelt, schwimmen wir in den Müggelsee ein, wo wir bald die in einer Sportmütze treibende Leiche finden und bergen werden.

Auf der Landungsbrücke erwarten uns zwei Männer mit dem milden, grundgütigen Gesicht, das den Beamten der Berliner Kriminalpolizei eignet und diese so beliebt gemacht hat, wie sie ist. Sie rufen uns an, wir navigieren, legen bei, und die beiden Figürchen huschen auf Deck, daß unser stattliches Schiff, Fassungsraum fünfzig Personen, umzukippen droht.

Auf dem Weg zum Müggelsee: Die AEG-Werke an der Spree (1930)

Sie waren auf den Anruf des Reichswasserschutzes hin mit der Bahn nach Müggelsee abgedampft und schon eine Stunde vor uns da. Aber sie hatten – was sagt man! – die Leiche nicht gefunden.

Suchen wir, suchen wir, fahren wir das Ufer des Müggelsees entlang, von Meter zu Meter zuckt der Scheinwerfer ins Schilf und in die Waldlisière[22], über den Spiegel des Wassers, kein Aas zu sehen.

Um eine Landzunge biegend, kommen wir an einem Kähnchen vorüber, darin Mädchen und Knabe nebeneinander sitzen, jedes bedient ein Ruder, die andere Hand ist frei. Diese andere Hand lassen sie erschreckt los, da ihnen jäh der Scheinwerferstrahl mitten in die Glieder fährt.

»Hallo«, brüllen wir sie an, »ham Se wat jehört von 'ner Leiche, wat hier treiben soll?«

Sie schütteln den Kopf. Von wem sollten sie auch hier wat jehört ham!

Ein Motorboot saust mit fünfundvierzig Kilometergeschwindigkeit talabwärts. »Stoppen!« Er antwortet nicht, nach Berlin hat man immer Eile. »Hier

Polizeiboot! Stoppen!« Der Motorbootfahrer stoppt nunmehr, aber er hat nichts gehört von 'ner Leiche, wat hier treiben soll, und so darf er weiter mit fünfundvierzig Kilometern.

Kein schwimmender Fetzen, kein heller Baumstamm am Ufer, zu dem nicht unser schweres, mit zwei Kriminalbeamten befrachtetes Boot heranfahren würde. Verlorene Liebesmüh. Wir kehren um. Es wird auf den unbekannten Mann geschimpft, der die falsche Meldung vom Vorhandensein einer Wasserleiche mit Sportmütze erstattet hat. Was mag er für ein Interesse daran gehabt haben, das Polizeiboot zu so später Stunde in den Müggelsee zu locken?

Verschiedene Meinungen über die Motive des Unbekannten werden geäußert, jedoch der Zeitungsschreiber behält die seine für sich.

(1928)

In den Kasematten von Spandau

Aus den ersten Tagen des Dritten Reichs

I. Die Verhaftung und der habhaft gemachte Kulturbolschewismus

Am Abend brannte das Reichstagsgebäude, und am Morgen wurde ich verhaftet.

Das Zimmer in der Motzstraße hatte ich genau vor vier Wochen bezogen, an dem Tage, an dem Herrn Hitler die Macht über Deutschland von Hindenburg übergeben worden war, von Hindenburg, den die Sozialdemokraten vor einigen Monaten mit ungeheurer Agitation zum Reichspräsidenten kandidiert hatten.

Dienstag, den 28. Februar, am Morgen nach dem Reichstagsbrand, klingelte es um fünf Uhr an der Wohnungstür. Ich höre, wie meine Hausfrau fragt, wer draußen sei, wie sie öffnet, jemand sie fragt, ob ich zu Hause sei, ob mein Zimmer eine zweite Tür habe… Gleich darauf klopft die Hausfrau an meine Tür. »Herr Kisch, bitte öffnen Sie.« Ich schließe auf, herein springt ein Mann. »Kriminalpolizei! Hände hoch!« Ich zeige, daß ich nichts in den Händen habe, ein zweiter Mann ist auch ins Zimmer gesprungen. »Herr Kisch, wir haben Befehl, Sie ins Polizeipräsidium abzuführen.«

»Bitte sehr, meine Herren, nehmen Sie Platz. Ich werde mich inzwischen anziehen, wenn Sie gestatten.«

»Haben Sie eine Waffe?«

Ich verneine. Sie schauen in meinem Nachttisch nach, in meinen Kleidern. Keine Waffe.

Darf ich mich auch waschen? Ja, ich darf mich waschen, sogar auf die Toilette darf ich gehen, aber in Anwesenheit eines fremden Herrn ist es nicht das Rechte. Während ich mich ankleide, so im Gespräch, fragen mich die Herren – es sind ein Kriminalsekretär und ein Inspektor von der Kriminalpolizei –, wann ich heute nach Hause gekommen bin.

»Es wird wohl halb ein Uhr nachts gewesen sein.«

»Hm. Wo waren Sie denn?«

»Hier im Westen. Mit dem Brand des Parlaments habe ich nichts zu tun.«

»Wieso wissen Sie von dem Brand? Sie haben unseren Besuch wohl erwartet?«

Ihnen scheint klar, daß sie in meiner Person den Brandstifter gefaßt haben. Sie ahnten nicht, was wir alle schon heute nacht vermutet hatten: daß zur gleichen Stunde von hundert anderen Beamten hundert andere Linksradikale abgeholt wurden.

Ich sagte ihnen zwar, daß ich mitnichten der Brandstifter sei, aber sie antworteten, das sei egal, sie hätten nur den Auftrag, mich aufs Polizeipräsidium zu bringen. Außerdem müßten sie eine Haussuchung vornehmen.

Nur eines meiner Bücher fiel ihnen auf. »Tijdopnamen« hieß es. »Was ist das für eine Sprache?« – »Holländisch«, erwidere ich. – »So, holländisch! Haben Sie viele Beziehungen zu Holland?« – »Nicht besonders viele, warum?« – »Was ist das für ein Buch?« – »Es ist von mir. Der Übersetzer hat es mir vor ein paar Tagen gegeben.« – »Wissen Sie, wie er heißt?« – »Ich kann mich nicht erinnern. Er stellte sich mir im Café vor.«

Auf die Idee, im Buch nachzusehen, wie der Übersetzer heißt, kommen die beiden Herren nicht. Ich weiß übrigens nicht, warum sie das interessiert. Ein paar Notizen und Zeitungsausschnitte nehmen sie mit.

»Ich habe gar kein Geld bei mir. Darf ich mir von der Hausfrau etwas leihen?« – »Bitte sehr.« Die Hausfrau borgt mir fünf Mark – dieser Betrag hat sich auf dem Polizeipräsidium als gleich Null erwiesen, denn von dem Geld, das dem Gefangenen dort abgenommen wird, bleiben sieben Mark sechzig zur Deckung der offiziellen Haftspesen zurück. Nur wenn man mehr als sieben Mark sechzig bei sich hat, kann man sich von dem Überschuß Zigaretten oder eine Aufbesserung der Menage leisten.

»Haben Sie die Absicht, zu flüchten oder sich zu widersetzen?«, fragen mich meine beiden Gäste.

»Nein, habe ich nicht.«

»Gut. Wir nehmen das zur Kenntnis – eigentlich sollten wir Ihnen nämlich Handschellen anlegen.«

Wir gehen zur Untergrundbahnstation Viktoria-Luise-Platz. Dort verteilt ein Arbeiter gedruckte Flugblätter. »Die Brandstiftung des Reichstags – bestellte Arbeit. Provokateure am Werk!«

Meine Begleiter sehen einander an. Sollen sie den Kolporteur verhaften? Der Kommissar schüttelt den Kopf. Er ist nur angewiesen, den Kisch aufs Präsidium zu bringen, warum soll er durch eine polizeiliche Fleißaufgabe den Vollzug dieses ausdrücklichen Auftrags gefährden? Wir fahren mit der Untergrundbahn zum Alexanderplatz.

So, und jetzt geht es zur IA, der Politischen Polizei. Auf dem Korridor ist es schwarz von Menschen. Der erste, den ich von weitem erblicke, ist der Rechtsanwalt Dr. Apfel, der Verteidiger von Max Hoelz. Fein, denke ich, fein, daß er da ist, der kann gleich für mich intervenieren. »Hallo, Dr. Apfel, ich bin verhaftet.«

»Ich auch«, sagt er nur.

Und schon sehe ich andere. Carl von Ossietzky, Chefredakteur der *Weltbühne*, die Romanschriftsteller Ludwig Renn und Kurt Kläber, Hermann Duncker, den Herausgeber sozialistischer Klassiker, Felix Halle, Mitglied des Staatsgerichtshofs, Dr. Hodann, den Sexualforscher, Lehmann-Rußbüldt, Entlarver der blutigen Rüstungsinternationale und Ligist für Menschenrechte, Dr. Schminke, den sozialistischen Stadtarzt, die Ärzte Klauber und Boenheim, den Abgeordneten Geschke, der nach dem Tode Menzels die politischen Gefangenen Deutschlands betreute, den Abgeordneten Schulz, über dessen unbefugte Rundfunkrede (der »Radioputsch«) ganz Deutschland lachte ... und viele, viele andere.

Meine Besucher geben mich gegen Quittung an die Politische Polizei ab, und ich werde auf den Korridor gewiesen. Die Bänke sind besetzt, der Raum dazwischen ist verstellt: Der gesamte Kulturbolschewismus soll hier Sitz oder Stand finden. Alle kennen einander, und immer wenn ein neuer von Polizisten hereingeschleppt wird, begrüßen ihn alle.

Ich muß an einen Septembermorgen von 1914 denken, da saßen wir am österreichischen Ufer der Drina, Reste einer aufgeriebenen, über den Fluß zurückgeworfenen Division. Je eine Gruppe war das, was gestern noch ein Regiment gewesen war. Und immer wenn eine nasse, abgerissene Gestalt vorüberwankte, die zum Regiment gehörte, dann grüßten die Kumpane mit einem melancholischen Lächeln, die Gruppe rückte näher aneinander, man machte ihm Platz. So ähnlich sieht es heute aus, nur ist das Lächeln des Grußes noch melancholischer. Anfangs begriff ich nicht, warum viele so verstört und blaß waren, erst später erfuhr ich, wie die Hilfspolizei bei ihren Verhaftungen gehaust, und noch später sollte ich mit noch größerem Schrecken, mit Entsetzen erfahren und mit eigenen Augen sehen, was die Nationalsozialisten in ihren Kasernen an wehrlosen Gefangenen begingen ...

Die Polizisten, die uns vom übrigen Teil des Korridors abriegeln, sind junge Buben – schon mit dem hilfspolizeilichen Hakenkreuz auf der Armbinde. Sie scheinen sehr aufgeregt, ihr Dienst ist ihnen neu, aber um so mehr versuchen sie, ihre Aufregung zu verbergen; sie machen spöttische Bemerkungen, und wenn sie jemanden ermahnen, stehenzubleiben und nicht herumzugehen, so apostrophieren sie ihn nicht anders als »Dreckskerl« und per du.

Namen werden aufgerufen, die erste Gruppe formiert, rechts um, es geht hinab ins Polizeigefängnis. Erste Station: das Depot; hier werden Uhr, Füllfeder und Bargeld abgegeben und in ein Kuvert gesteckt. Zweite Station: Abgabe von Messer, Schere, Nagelfeile. Die dritte Etappenstation ist schon im Keller unten, alles, was uns noch geblieben ist – Brieftasche, Notizbuch, Zigarettenschachtel, Streichhölzer, Taschentuch, Schlüssel, Handschuhe, Bleistift –, muß jedermann in seinen Hut abladen, Schnürsenkel öffnen, Rock ausziehen, und jetzt untersuchen greifende Hände, ob nichts in den Taschen blieb, gleitende Hände, ob nichts ins Futter eingenäht ist, sich nichts in Schuh oder Strumpf versteckt hat.

Während dieser Prozedur kommt der neue Polizeipräsident vorbei, Herr von Levetzow, gefolgt von Polizeiadjutant und Parteiadjutant und einem ganzen Stab. Er war ein Marineoffizier, den der Sozialdemokrat Noske in den Admiralsrang erhoben hat. Jetzt schreitet er, gebläht, seine Kommandobrücke im Polizeipräsidium ab.

»Das ist also das Pack?« fragt er und blinzelt uns über die Achsel verächtlich an.

»Jawohl, Herr Polizeipräsident!« beeilt sich der Adjutant zu schnarren.

»Wo bist du verhaftet worden?« fragt er Hermann Duncker. Bevor der alte Gelehrte noch antworten kann: – »Wirst du die Hacken zusammenreißen, wenn ich mit dir spreche, du Saubengel!«

Und schon hat er einen anderen erspäht, der ihm nicht stramm genug zu stehen scheint. »Führen Sie den Lümmel sofort in Dunkelarrest und legen Sie ihm Eisen an, daß ihm die Schwarten krachen.«

Diensteifrig stürzen sich zwei Büttel auf Otto Lehmann-Rußbüldt, den alten Führer der Liga für Menschenrechte, und führen ihn ab.

Kreidebleich stehen wir da, aber der Herr Admiral von Noskes Gnaden ist schon vorbei, und wir hören ihn eine andere Gruppe anbrüllen.

Man stößt uns in eine unterirdische Gemeinschaftszelle, siebenundvierzig finden wir in ihr Platz, längs der Wände verlaufen Pritschen. In der Mitte der gegen den Hof gerichteten Wand steht der Eimer – einer für alle, alle für einen. Gegenüber, in die dem Korridor zugekehrte Wand sind zwei trichterförmige Ausbuchtungen gemauert. Das spitze Ende ist der »Judas«, das Guckloch; der Beobachter kann das ganze Lokal bestreichen, sei es mit einem Auge, sei es mit einem Maschinengewehr.

II. Ein Polizeiwagen unterwegs

Am 1. März gegen Abend – wie spät es war, wie spät es ungefähr war, wußte keiner von uns – öffneten sich unsere Einzelzellen. »Marsch heraus!« Jeder mußte vor seiner Tür stehenbleiben, auf dem eisernen Steg, an dem die Käfige hängen. Da sahen wir einander wieder, wir, die wir uns zuletzt verabschiedet hatten, als wir unten einzeln aus der Gemeinschaftshaft gerufen worden waren. Kaum ein Tag war vergangen, aber wie hatten sich die Genossen verändert. In ihren Gesichtern spiegelte sich die schlaflose Nacht in der stinkenden Zelle, in die von allen Korridoren ununterbrochen der Lärm neuer Transporte, Namensaufrufe, Alarmsignale gedrungen war, während von der Straße das Gegröle der mutig gewordenen Braunhemden erklang und sich jeden Augenblick ein Bastillesturm mit umgekehrtem Vorzeichen, ein Überfall auf wehrlose Gefangene erwarten ließ. Wir waren ohne Essen, ohne Zigaretten, ohne Nachrichten geblieben, um drei Uhr nachts hatte sich jäh die Zellentür geöffnet, und in dem Schein der grell aufflammenden Glühbirne stand ein Polizeibeamter, der uns (gegen Unterschrift, Ordnung muß sein) einen vervielfältigten Bescheid überreichte, den Haftbefehl:

Der Polizeipräsident Berlin, den 28. Februar 1933
Abteilung I.
12a 6103 II/43

An Herrn Egon Erwin Kisch

Sie stehen in dem dringenden Verdacht einer nach den §§ 81 bis 86 StGB strafbaren Handlung.

Auf Grund des § 22 der Verordnung des Reichspräsidenten zum Schutz des deutschen Volkes vom 4.2.1933 – RGBI S. 35 – ordne ich hiermit an, daß Sie bis auf weiteres im Interesse der öffentlichen Sicherheit in polizeiliche Haft zu nehmen sind.

Im Auftrage: Beglaubigt:
Gez. Schneppel. Dammitzsch
Kanzleiangestellte

Ja, das wußten wir schon, daß wir in Haft zu nehmen sind, sonst wären wir nicht da. Was wir nicht wußten, steht auf einem Zeitungsblatt, das uns ein später eingelieferter Genosse im Vorbeigehn zusteckt. Dreispaltig an der Spitze: »Sofortige Todesstrafe gegen Hochverräter nach §§ 81 bis 86 … Notverordnung …« Wohin bringt man uns jetzt?

»Wohin bringt man uns jetzt?« fragen wir einen Wachtmeister, der da kontrolliert, ob wir vollzählig vorhanden sind.

»Das werden Sie sehr bald sehen«, schnauzt er.

Wir werden in Zweierreihen formiert, begrüßen uns stumm. Da ist Otto Lehmann-Rußbüldt, der friedliche Friedensfreund, der gestern auf persönlichen Befehl des neuen Polizeipräsidenten in Eisen gelegt wurde, weil er nicht stramm genug stand, als Herr von Levetzow vorbeiging, da ist der Abgeordnete Torgler, der sich sofort ins Polizeipräsidium begab, als ihn die offiziellen Berichte mit dem Reichstagsbrand in Zusammenhang brachten, und sofort ins Loch geschmissen wurde, da ist Felix Halle,

Mitglied des Staatsgerichtshofs, da sind die Schriftsteller Ludwig Renn, Kurt Kläber, Erich Baron und Carl von Ossietzky, da ist der alte Berliner Stadtarzt Schminke, sozialistische Rechtsanwälte wie Apfel, Barbasch, Litten, Abgeordnete, für die morgen im Reich noch immer fünf Millionen Deutsche stimmen werden... Jeder von uns kriegt seinen Hut, die anderen Sachen, die uns bei der Einlieferung abgenommen worden sind, nicht.

Unser Zug stolpert über die Eisentreppe hinab, das Spalier von nationalistischer Hilfspolizei hat wohl nur die Aufgabe, unseren Weg zu flankieren, damit niemand entweicht, aber die nunmehr beamteten Braunhemden wollen ihre besondere Schneid zeigen, und so traktieren sie uns mit Fußtritten und höhnischem Zuruf: »Jetzt werdet ihr ja sehen, was mit euch geschieht, ihr rote Saubande. Jetzt kriegt ihr alle vor'n Dez geknallt...«

Na schön, jetzt wissen wir es also. Im Hof harrt unser ein Gefangenenauto.

Das Abteil hat knapp für zehn Menschen Raum, nur fünf auf jeder Seite. Aber es müssen unser zweiundzwanzig hinein, so daß wir aufeinandergepfercht, ineinandergepfercht sitzen und stehen, endlich hat man uns zu einem Konglomerat zusammengepreßt, da heißt es: noch sechs hinein. Sie winden sich in uns hinein wie ein Bohrer ins Gestein.

Ich sehe nicht, wer neben mir steht, ich weiß nicht, ob ich quer oder längs der Fahrtrichtung stehe, ob sich das Auto in der Richtung bewegt, in der ich stehe, oder in der entgegengesetzten, nach rechts oder links. Es ist stockdunkel, durch eine Ritze ist ein rotes Licht zu sehen – eine Lichtreklame, denke ich. Aber das rote Licht taucht wiederholt auf, woraus ich schließe, daß es der Winker unseres Autos ist.

Wohin fahren wir? Wir wissen nicht einmal, welchen Weg wir nehmen, welche Straßen wir passieren, wir wissen nur, zusammengequetschtes, pendelndes, hin und her geschleudertes, wehrloses

Menschenknäuel, daß die Fahrt lange dauert, mehr als eine halbe Stunde, eine ganze vielleicht, Berlin muß schon hinter uns liegen.

Plötzlich ein jäher Stoß, das Menschenknäuel saust an die stählernde Wagenwand, der Wagen steht, er steht schief. Eine Sekunde, oder ist's eine Minute, oder ist's eine Viertelstunde, vergeht. Der Chauffeur läßt den Motor an, der Motor greift nicht ein. Nochmals. Wieder nichts.

Draußen beginnt man zu hämmern, zu schrauben und zu heben. Wir aber, die Fracht, wir müssen inzwischen im Wageninnern bleiben. Vielleicht, wahrscheinlich sogar, kann das Abschrauben des Rades oder des Gummireifens, oder was sonst da draußen gemacht wird, bei solcher Belastung nicht gelingen. Was dann? Auch dann wird man uns nicht aussteigen lassen. Soviel Bewachungsmannschaft ist ja nicht da, um uns beisammenzuhalten, wenn wir in der Nacht aussteigen müßten. Sie werden das Maschinengewehr neben dem Führersitz um hundertachtzig Grad drehen, gegen das Wageninnere. Ist auch schon egal.

Vorläufig hören wir, wie draußen noch immer versucht wird, die Karre flottzukriegen.

Der Motor wird wieder angelassen ... er greift ein ... die Fahrt geht weiter.

Nach einigen Kilometern biegt der Wagen rechtwinklig ein, wieder im rechten Winkel. Langsam das Tempo. Fahren wir durch ein Häuserkarree? Das Auto stoppt. Rufe. Es scheint, daß ein Tor geöffnet wird. Vorsichtig rollt der Wagen weiter. Halt.

Alles aussteigen. Uns blendet das trübe Deckenlicht einer Hauseinfahrt, rechts und links stehen große Eisentore. Beamte in Uniform, den Revolver in der Hand, umgeben uns.

Wir erfahren, daß wir in Spandau sind.

(1933)

UCHTSPIELE

Anmerkungen

1 *Camelot*, französisch für Zeitungsverkäufer

2 *trepanieren*, medizinischer Eingriff zum Öffnen der Schädeldecke

3 *Luetiker*, an Syphilis Erkrankter

4 *Spundus*, Respekt

5 *Zereviskappen*, gold- oder silberbestickte Kappen von Verbindungsstudenten

6 *Tourniquet*, französische Bezeichnung für Drehtür

7 *Schinakel*, kleines Boot

8 *Miklós Horthy* (1868–1957) stürzte mithilfe konservativer Truppen 1919 die Räterepublik. Als Staatsoberhaupt des Königreichs Ungarn (1920–1944) verfolgte Horthy eine nationalistische und antisemitische Politik.

9 *Gustav Noske* (1868–1947), 1919–1920 unter Reichspräsident Friedrich Ebert der erste sozialdemokratische Reichswehrminister. Seine Nominierung quittierte er mit den Worten: »Einer muss der Bluthund werden!«

10 *ABOAG (76)*, Allgemeine Berliner Omnibus AG

11 *Die Gebrüder Louis und Gustave Castan* betrieben von 1869–1922 ein Kuriositätenkabinett gegenüber dem Passagepanopticum.

12 *Rudolf Mosse* (1843–1920), bedeutender liberaler jüdischer Zeitungsverleger

13 *Yoshiwara*, Bordellviertel Tokios

14 *Fritz Haarmann* (1879–1925) und *Karl Denke* (1860–1924), deutsche Serienmörder. Nach seiner Verhaftung 1924 kam die langjährige Tätigkeit Haarmanns als Polizeispitzel in Hannover ans Licht. Der als sozialer Wohltäter geltende Denke wurde überführt, nachdem er versucht hatte, den Wanderarbeiter *Vincenz Olivier* zu ermorden.

15 *Wilhelm Sült* (1888–1921), einflußreicher kommunistischer Gewerkschafter. Am 30. März 1921 wurde er »in Schutzhaft« genommen und zwei Tage später von dem Polizisten Albrecht Jannicke hinterrücks erschossen.

16 In den *Leipziger Tschekaprozessen* 1924/25 standen die angeblichen Mitglieder einer kommunistischen Terrororganisation vor Gericht. Die Presse bezeichnete die Gruppe um Felix Neumann als »Deutsche Tscheka«. Kontrovers diskutiert wurden vor allem die Glaubwürdigkeit der Aussagen der Terroristen sowie das Verhältnis der KPD zur »Deutschen Tscheka«. Kisch nahm als Reporter an dem »Sensationsprozeß« teil.

17 *Sbirren* (italienisch: Spitzel), bis ins 19. Jahrhundert militärisch organisierte Gerichtsdiener und Schergen im Kirchenstaat und der Republik Venedig.

18 *Johann Schober* (1874–1932), zwischen 1922 und 1930 mehrfach österreichischer Bundeskanzler. Sein Freund, der jüdische Unternehmer und Bankier Siegmund Bosel (1893–1945), war im Ersten Weltkrieg der wichtigste Heereslieferant Österreichs. Seine Geschäfte trieben die Postsparkasse 1925 beinahe in den Ruin.

19 *Willi Legner, Erich Pannier* und *Georg Sand*, Mitglieder der nationalistischen, paramilitärischen »Schwarzen Reichswehr«, die zur Bekämpfung des »inneren Feinds« von der Reichswehr illegal mit Waffen und Ausbildern versorgt wurde. Später fielen sie als Verräter oder Deserteure der politisch motivierten Selbstjustiz innerhalb der Schwarzen Reichswehr zum Opfer. Die Aufklärung dieser sogenannten Fememorde wurde von Polizei und Justiz in der Regel verschleppt.

20 *Max Hoelz* (1889–1933), deutscher Kommunist, der 1921 zu lebenslanger Haft verurteilt wurde. Egon Erwin Kisch veröffentlichte 1927 Hoelz' Zuchthausbriefe. Zahlreiche Intellektuelle wie Bertolt Brecht und Albert Einstein forderten daraufhin eine Revision des Verfahrens, 1929 wurde Hoelz freigelassen.

21 *Alexander Kerenski* (1881–1970), Chef der russischen Übergangsregierung zwischen der Februar- und der Oktoberrevolution 1917. Von den Bolschewiki gestürzt, verließ er Rußland ins Pariser Exil.

22 *Lisière*, Waldrand, Gestrüpp

Editorische Notiz

Sämtliche Texte dieser Ausgabe stammen aus *Gesammelte Werke in Einzelausgaben (12 Bände)*, herausgegeben von Bodo Uhse und Gisela Kisch, fortgeführt von Fritz Hofmann und Josef Polaček, Aufbau Verlag Berlin und Weimar (1960ff.; Neuausgabe 1992/93). Sie erscheinen ungekürzt, datiert und (bis auf stillschweigende Rechtschreibkorrekturen) unverändert. Der letzte Text, ›In den Kassematten von Spandau‹, ist auszugsweise abgedruckt.

Begriffe, Namen und Ereignisse, deren Kenntnis heute nicht mehr vorausgesetzt werden kann, sind für diese Ausgabe am Ende des Buches kurz erläutert.

Zusammengestellt von Linus Guggenberger und Klaus Wagenbach.

Bildnachweis:
akg-images: S. 30, 33, 49, 66
akg-images / Dr. Enrico Straub: S. 52
akg-images / Peter Weiss: S. 116
bpk: S. 6, 42, 126
bpk / E. Linde Co: S. 78
bpk / Friedrich Seidenstücker: S. 97
Bundesarchiv:
Bild 183-19000-1918: S. 38, Bild 183-R42724: S. 65,
Bild 183-1989-0323-315 und Bild 183-14077-006: S. 70,
Bild 183-1992-0603-501: S. 75, Bild 183-H29544: S. 104
Bundesarchiv / Georg Pahl:
Bild 102-00711: Frontispiz, Bild 102-10741: S. 59,
Bild 102-00075: S. 62, Bild 102-14014: S. 85,
Bild 102-02196: S. 86, Bild 102-02851: S. 137
Estate of George Grosz, Princeton, N. J. / VG Bild-Kunst, Bonn 2025: S. 25
Kulturamt Friedrichshain / Kreuzberg: S. 115
ullstein bild: S. 18

Egon Erwin Kisch wurde 1885 in Prag geboren, wo er Literatur und Geschichte studierte. Gegen Ende des Ersten Weltkriegs übersiedelte er nach Berlin, wo er sich seinen Ruf als »rasender Reporter« erwarb. Als Jude und bekennender Kommunist von den Nazis verfolgt, floh er aus Deutschland. In Paris engagierte er sich im antifaschistischen Widerstand, nahm am Spanischen Bürgerkrieg teil und emigrierte 1939 nach Mexiko. Nach Prag zurückgekehrt, unterstützte er den Aufstieg der tschechoslowakischen KP. Der Chronist seiner Zeit blieb Kisch bis zu seinem Tod 1948.

Kisch und Kafka bei Wagenbach

Egon Erwin Kisch Das Lied von Jaburek *Prager Reportagen*
Kaum jemand kannte die Prager Gassen und Nächte so gut wie er: die Anfänge des »rasenden Reporters« Egon Erwin Kisch als schlafloser Lokaljournalist in seiner Heimatstadt.

SVLTO. Fadengeheftet. Rotes Leinen. 144 Seiten mit vielen Abbildungen

Hans-Gerd Koch Kafka in Berlin *Eine historische Stadtreise*
Berlin war die Sehnsuchtsstadt des Prager Autors und Versicherungsbeamten Franz Kafka. Hans-Gerd Koch erzählt die Geschichte dieser Sehnsucht und lässt uns mit Kafka in das legendäre Berlin des frühen 20. Jahrhunderts reisen.

SVLTO. Fadengeheftet. Rotes Leinen. 144 Seiten mit vielen zeitgenössischen Fotos

Klaus Wagenbach Kafkas Prag *Ein Reiselesebuch*
Franz Kafka hat seine Heimatstadt Prag nur selten verlassen und war zudem ein notorischer »Herumtreiber« auf ihren Plätzen und Straßen. Klaus Wagenbach, dienstälteste aller Kafkawitwen, ist ihm nachgegangen, in Text und Bild.

Aktualisierte Neuausgabe
SVLTO. Fadengeheftet. Rotes Leinen. 144 Seiten mit zahlreichen Abbildungen

»Als Kafka mir entgegenkam …«. Erinnerungen an Franz Kafka
Freunde, Verwandte und Bekannte erinnern sich an Kafka. Manchmal überraschend, manchmal widersprüchlich, ergibt sich aus dem Chor der Stimmen ein farbiges Bild.

Herausgegeben von Hans-Gerd Koch
WAT 528. Erweiterte Neuausgabe. 120 Seiten

Kafkas Familie *Ein Fotoalbum*
Die circa 100 Fotografien der Familie Kafka, von denen ein großer Teil bislang unveröffentlicht ist, zeigen einen Autor der Weltliteratur und seine Verwandtschaft – in der Stadt, in der Sommerfrische und fein zurechtgemacht im Fotoatelier. Mit Texten von Franz Kafka.

Herausgegeben von Hans-Gerd Koch
208 Seiten mit etwa 100 Fotografien

Verreisen Sie mit einem *SVLTO*

Berlin *Eine literarische Einladung*
Autoren aus Ost-, West- und ganz Berlin erklären die raue Schönheit der deutschen Hauptstadt und den spröden Charme ihrer Bewohner.

Herausgegeben von Susanne Schüssler und Linus Guggenberger
SVLTO. Fadengeheftet. Rotes Leinen. 144 Seiten

Prag *Eine literarische Einladung*
Goldene Stadt, Heimat Kafkas und Freilichtmuseum, überrannt von Touristen auf der Jagd nach billigem Bier. Prager Autorinnen und Autoren führen hinter die Kulissen und erzählen Geschichten, die förmlich auf der Straße liegen – oder sich in den Falten des Stadtplans verstecken.

Herausgegeben von Petra Knápková
SVLTO. Fadengeheftet. Rotes Leinen. 144 Seiten

Wien *Eine literarische Einladung*
Die Wiener mit ihrem Schmäh und ihrer Lebensphilosophie des Nichternstnehmens, mit der sie durch die Geschichte schlittern – vorgestellt von grantelnden und raunzenden Bewohnern der Donaumetropole. Die ideale Lektüre fürs Kaffeehaus oder fürs Sofa daheim.

Herausgegeben von Margit Knapp
SVLTO. Fadengeheftet. Rotes Leinen. 144 Seiten mit Illustrationen von Franziska Schaum

Aus dem Café Größenwahn erschien im Frühjahr 2013 als 195. *SVLTO.*

4. Auflage 2025

Verlag Klaus Wagenbach GmbH,
Emser Straße 40/41, 10719 Berlin
www.wagenbach.de mail@wagenbach.de

Covergestaltung Julie August unter Verwendung einer Fotografie © ullstein bild – Robert Sennecke
Gesetzt aus der Candida. Vorsatzpapier von peyer cover gmbh, Leonberg. Leinen von Gebr. Schabert, Strullendorf. Gedruckt und gebunden bei Beltz Grafische Betriebe, Bad Langensalza. Printed in Germany.

ISBN 978 3 8031 1294 1